U0613201

农业贸易研究

2020—2022

农业农村部农业贸易促进中心　编著

中国农业出版社

北　京

图书在版编目（CIP）数据

农业贸易研究. 2020—2022 / 农业农村部农业贸易促
进中心编著. —北京：中国农业出版社，2023.8
ISBN 978-7-109-31092-6

Ⅰ.①农… Ⅱ.①农… Ⅲ.①农产品贸易－国际贸易
－中国－2020－2022－文集 Ⅳ.①F752.652-53

中国国家版本馆 CIP 数据核字（2023）第 174422 号

农业贸易研究 2020—2022
NONGYE MAOYI YANJIU 2020—2022

中国农业出版社出版
地址：北京市朝阳区麦子店街 18 号楼
邮编：100125
责任编辑：赵　刚
责任校对：吴丽婷
印刷：北京中兴印刷有限公司
版次：2023 年 8 月第 1 版
印次：2023 年 8 月北京第 1 次印刷
发行：新华书店北京发行所
开本：720mm×960mm　1/16
印张：12
字数：225 千字
定价：68.00 元

版权所有·侵权必究
凡购买本社图书，如有印装质量问题，我社负责调换。
服务电话：010 - 59195115　010 - 59194918

《农业贸易研究 2020—2022》

编 辑 委 员 会

主　　编：马洪涛

副 主 编：宋聚国　吕向东

委　　员（按姓氏笔画排序）：

马建蕾　王　丹　王　军　王东辉　刘　博

刘丽佳　刘武兵　孙　玥　远　铜　李　婷

杨　静　杨妙曦　吴　薇　邹　慧　冷淦潇

张明杰　张明霞　张晓颖　张翼鹏　赵学尽

柳苏芸　秦天放　徐智琳　郭浩成　符绍鹏

梁　勇　霍春悦

执行主编：吴　薇　孙　玥

在中国入世 20 周年农业发展
高层研讨会上的讲话

（代序）

马有祥

"改革开放是当代中国最鲜明的特色，是我们党在新的历史时期最鲜明的旗帜，改革开放是决定当代中国命运的关键决策，是党和人民事业大踏步赶上时代的重要法宝。"今年是中国加入世贸组织 20 周年，入世是党中央、国务院审时度势作出的重大决策，也是我国改革开放历史上具有里程碑意义的重大事件，以加入世贸组织为标志，我国对外开放进入了全方位、多层次、宽领域的新阶段。我们的入世道路坎坷漫长，前后 15 年，不少黑发人谈成了白发人。我作为农业谈判的直接参与者，很多场景仍然历历在目。二十年风风雨雨，我国农业经受住了入世开放带来的重大考验，有效应对了全球粮食危机、金融危机和新冠疫情等多重挑战，参与全球农业竞争和粮农治理的能力显著增强，在开放中得到发展、在应对中保持稳定、在竞争中得到提升。如今，身处百年未有之大变局，回顾入世历程，总结农业入世经验，谋划农业开放发展新篇章，非常有意义。

一、入世后中国认真履行承诺，从世贸组织的"插班生"变为"优等生"

农业是入世谈判的重点、难点和焦点，是讨价还价最艰难的产业之一，最后一刻才达成协议。我国农业作出了重大开放承诺，为融入多边贸易体系作出了重要贡献。20 年来，我们认真履行承诺，成为世界上农产品市场最开放的国家之一。

一是大幅降低农产品进口关税。经过 5 年的过渡期，我国农产品平均关税由 21.3% 降至 15.2%，只有世界平均水平的 1/4。近年来，我们还主动降税，2020 年农产品实施税率仅为 13.8%，成为世界上农产品贸易自由化程度较高的国家之一。对粮棉糖等关系国计民生的大宗商品实行关税配额管理，配额量大、配额内关税低。

二是减少非关税等贸易限制。按照承诺，于 2005 年全部取消了农产品进口许可证、数量限制等非关税措施。比照国际通行做法，建立了符合世贸组织规则的标准体系、动植物检验检疫制度和其他技术性贸易措施体系。

三是调整农业补贴政策。严格执行农业国内支持承诺，取消农产品出口补贴，将棉花、玉米、大豆和油菜籽的临时收储政策转为"蓝箱"或市场化补贴，将稻谷和小麦"黄箱"支持控制在合理水平，积极探索补贴收入、环境、地力等"绿箱"支持方式，减少市场扭曲。

四是主动完善农业法律法规。开展农业法律法规"废改立"，清理、完善和修改了不符合世贸规则的法律文件、规章和规范性文件。放开农业领域外商投资，实行准入前国民待遇加负面清单，建立与国际接轨的营商制度。

二、入世后我们学会"与狼共舞"，农业发展实现"双赢""多赢"

入世前后，有不少人担心中国农产品整体上竞争力不强，到世界市场的汪洋大海中游泳会"溺水而亡"，时刻担忧"狼来了"。现在回头看，"狼"确实来了，当时的农业也面临前所未有的压力挑战，但我们亦不是绵羊，我们不仅学会了与狼共舞，有时还成了"战狼"。通过成功地把握机遇、应对挑战，中国成为农业发展的"赢家"，并推动世界农业发展实现"多赢"。

一是粮食生产连年丰收，打消了能否牢牢掌握粮食安全主动权的疑虑。粮食安全是入世之初各方面最为担心的问题。我们用实际行动，将 14 亿中国人的饭碗牢牢端在自己手里。20 年来，粮食产量增长近 50%，达到了 6.69 亿吨；人均粮食占有量由 355 公斤增长到 477 公斤，连续 12 年超过联合国粮农组织发布的 400 公斤粮食安全标准线。粮食生产实现历史性"十七连丰"，棉油糖生产稳定发展，肉蛋奶果菜供应充足，较好满足了人民群众日益增长的消费需求。

二是农民收入持续较快增长，抵御了进口对国内市场和产业的冲击。入世前后不少研究认为，我国农民收入和生计将受到较大冲击。而这么多年的事实是农民就业增收渠道不断拓宽，家庭经营性收入、工资性收入等显著增长。到

2020 年，我国农民人均收入达到 17 000 多元，比 2001 年名义增长 6 倍多，城乡居民人均收入比从入世之初的 3.3∶1 降至 2.6∶1，实现了现行标准下 9 899 万农村贫困人口全部脱贫，创造了人类减贫史上的奇迹。

三是农业贸易投资规模显著扩大，统筹两个市场两种资源的能力明显增强。20 年来，中国农产品贸易额从 279 亿美元增长到 2 468 亿美元，农业对外投资规模达到 348 亿美元，成为第二大农产品贸易国和全球主要农业对外投资国。农业贸易额从占全球 3% 上升到近 8%，中国市场红利给全球农业发展带来重大机遇。作为大豆、棉花、食糖、畜产品的全球最大买家，农产品进口对满足国内消费需求、拓展农业结构调整空间、服务外交工作大局发挥了重要作用。

四是熟悉运用国际经贸规则，成为全球粮农治理的重要力量。入世前，我们对世贸组织的研究不多，相关名词术语晦涩难懂，特别担心对世贸规则吃不透、把不准。我部通过成立专家组、工作组，开展多层次大规模干部培训，系统制定了应对方案，在干中学、学中干，显著增强了谈判能力和规则意识。这些年，我们既当过被告、也当过原告，既"双反"过别人、也被别人反过，学会了运用规则保护农业。在国际粮农治理中，逐渐从"追随者"走近舞台中央，在国际话语体系中占据越来越重要地位。前不久，我部成功举办黑土地保护利用国际论坛和国际粮食减损大会，在全球范围引发热烈反响，为应对粮食安全和气候变化等共性挑战，提出了中国方案，发挥了引领作用。

三、入世谈判经验值得总结，关键是要以我为主、不被带节奏

农业入世谈判如履薄冰、历程艰辛，内外部压力都很大。国际上，37 个要求与我进行入世谈判的成员，大多数是农业竞争力较强的出口大国，个别成员在谈判中调门高、要价高，农业谈判一度成为中国入世的"死结"。国内声音也很多，许多人把合理"让步"当作牺牲，当时有不少人问我，"是不是牺牲了农业？"实践证明，入世对我国农业发展利大于弊，总体上是成功的，谈判过程和经验值得总结。

一是坚持以我为主。谈判过程中，我们坚持以中央制定的"复关"三原则和针对美西方高要价提出的工作方针为基本遵循，分领域、分品种，系统分析

入世挑战和机遇。为加强农业贸易工作，我部在机关司局增设相应处室，同时成立了农业贸易促进中心，与商务部等部门紧密配合，把控谈判进程、设置谈判议题、制定谈判方案，确保谈判能够立足国内经济社会发展大局，以我为主。

二是坚守底线思维。入世谈判中，我们该保的保住了，比如三大主粮，因为要确保基本自给和绝对安全，所以设置了关税配额措施；该放的放了，比如大豆，我国将长期处于短缺状态，较低单一关税制有利于下游产业发展；该有的有了，比如以发展中成员身份加入，享有特殊与差别待遇等权利。

三是坚决服务大局。入世是改革开放进程中的一件大事，是中央推进经济社会发展的大布局、大手笔。回头看，入世完全符合我国发展的阶段特征和大势需要，成就了我们发展的重大战略机遇期。尽管当时国内农业相对薄弱和艰难，但为了协议的最终达成，必要和适当让步并不是牺牲，而是实现开放发展的必经之路。

四、我们成功应对入世挑战的一个重要法宝，就是练好内功、办好自己的事儿

现在世贸组织有 160 多个成员，乌拉圭回合以后加入的就有 36 个，入世对每个国家来说都是机遇与挑战并存，尤其是农业。有些国家没能很好地应对入世冲击，产业发展和农民收入受到较大影响。我们之所以能够抓住机遇、有效应对风险挑战，最关键的就是党中央的坚强领导和对三农工作的高度重视，坚持办好自己的事，以内部的确定性应对外部的不确定性。

一是持续提高粮食综合生产能力和重要农产品保障供应能力。洪范八政，食为政首。我们始终把粮食安全摆在重要位置，坚持藏粮于地、藏粮于技，落实最严格的耕地保护制度，严守 18 亿亩耕地红线，大规模开展高标准农田建设，划定粮食生产功能区、重要农产品生产保护区和特色农产品优势区，粮食和重要农产品生产能力不断提升，确保中国人的饭碗装中国粮。

二是着力提高农业国际竞争力。入世以后，我们必须直面农业基础薄弱、国际竞争力不强的现实问题。要有效应对，关键是提升竞争力。着眼放大比较优势，调整优化区域生产力布局，构建与资源环境承载力相匹配的农业生产新

格局。着眼提升质量效益，推进农业供给侧结构性改革，调整优化产业和产品结构，持续增加绿色优质农产品供给。着眼提高农民组织化程度，培育家庭农场、农民合作社、农业企业等新型经营主体，促进小农户和现代农业发展有机衔接。

三是全面推进农业现代化。加快推进传统农业的改造升级，不断提高农业设施化、科技化和绿色化水平。加强农业科技创新，强化农业物质装备支撑，推进农作物生产全程全面机械化，加快发展数字农业、智慧农业和高效设施农业，做大做强现代种业。推进农业绿色发展，减少化肥农药施用，推进农业生产废弃物综合治理和资源化利用。2020年，农业科技进步贡献率突破60%，农作物耕种收机械化率超过70%，主要农作物良种实现全覆盖。

四是健全强农惠农富农政策体系。入世之初，党中央果断决策，首先从大豆开始建立良种补贴政策，全面推开农村税费改革，2006年彻底取消农业税，结束了延续2 600多年"皇粮国税"的历史，并逐步建立了以收入补贴、价格支持、生产性补贴、农业保险和生态资源保障等为主要内容的支持政策体系。入世这20年，中国农业政策调整和体制改革的力度之大、影响之深，史无前例。

五、当前农业对外开放面临新挑战，我们要敢于扩大开放，到世界农产品市场的汪洋大海中去畅游

习近平总书记指出"融入世界经济是历史大方向，中国经济要发展，就要敢于到世界市场的汪洋大海中去游泳""我们呛过水，遇到过旋涡，遇到过风浪，但我们在游泳中学会了游泳。""十四五"规划提出，实施更大范围、更宽领域、更深层次对外开放。贯彻落实中央重要决策部署，农业领域也要坚定不移扩大开放。当前，农业对外合作面临的风险挑战比以往更加严峻，国际政治、经济、贸易、投资环境复杂多变，新冠疫情持续，农产品市场不稳定不确定因素明显增加。作为全球农业大国和农产品贸易大国，我们要以开放助力农业农村现代化，继续在世界农产品市场的大海中经风雨、见世面、破浪前行。重点在以下三个方面积极作为。

一是推动世贸农业改革谈判。以世贸组织为核心的多边贸易体制是国际贸

易的基石,但过去几年世贸组织经历了艰难时刻,功能受阻、权威受损。在农业领域,以发展为主题的多哈回合谈判停滞不前,规则不公平问题有增无减。世贸组织将召开第12届部长级会议,这是各方重聚信任、重塑信心的重要契机。我们要利用各种场合支持世贸改革谈判,广泛宣介中国主张和中国方案,推动构建更加公平的农业贸易新秩序。

二是推动双边、区域和多边开放合作。用好区域全面经济伙伴关系协定(RCEP)等自贸区优惠安排,进一步优化自贸区建设布局,建立稳定可靠的农产品贸易网络。做好与美欧日、东盟、非洲、拉美等重点国别农业合作,稳定G20、金砖、上合等合作机制,加强与"一带一路"沿线国家科技合作和政策交流,优化进口来源布局和渠道,促进特色优势产品出口。抓住国际粮农治理体系大变革的机遇,主动引领粮食减损、土壤健康、南南合作等议题议程,进一步提升影响力。

三是加快农业对外开放探索创新。加强国内政策集成创新,依托潍坊、宁夏等国家农业开放发展综合试验区等平台载体,紧密结合地方特色产业实际和发展需求,借鉴自由贸易试验区政策,以及国际上好的经验做法,开展先行先试,大胆试、大胆闯、自主改,做大投资贸易,做强投资产业。加快农业走出去实践创新,发挥好农业国贸基地、境外试验区等引领作用,推动优质农产品和优势农业产能走出去,大力发展农业服务贸易,培育农业国际竞争新优势,带动国内国外良性循环,提升世界农业现代化水平。

青山遮不住,毕竟东流去。历史是最好的教科书,实践是最好的应答器。加入世贸组织20年,我们"风景这边独好"。经济全球化和贸易自由化潮流势不可挡,我国农业将立足新发展阶段,贯彻新发展理念,构建新发展格局,更加敞开胸怀拥抱世界,向着实现农业农村现代化和乡村全面振兴的目标阔步前进!

目　　录

综 合 政 策

入世 20 年看农业

今年是我国加入世界贸易组织（WTO）20 周年。世贸组织及其达成的协定协议在管理和规范全球贸易中发挥着不可替代的基础和权威作用。加入世贸组织标志着我国对外开放进入了一个稳定、透明、可预见的发展阶段，即由自主性的、可纠错的、选择性的开放转向基于多双边协定和承诺之上的约束性全方位开放；由消除自身障碍、适应既有规则为主的开放转向促进对等互利的、争取公平规则和外部环境为主的开放。入世为我国融入全球化和世界经济争取到了稳定的制度框架和环境，为我国发挥比较优势更大程度利用国际市场和资源带来了机遇；同时，入世加快加大了我国商品服务和资本市场的对外开放，给国内产业带来了巨大的外部竞争压力。

入世 20 年我国经济总量和经济实力大幅增加，2020 年国内生产总值高达101.6 万亿元，是 2001 年的 10 倍多；商品进出口贸易总额 4.7 万亿美元，是2001 年的 9 倍多。作为基础性民生型战略产业，入世 20 年来，我国农业经受了入世过渡期、粮食危机、金融危机、新冠疫情等多重考验，对外开放水平不断提升，国际竞争力显著提高。经历了 20 年风风雨雨和重大变化后，再来重新审视入世对农业的影响，总结 20 年来农业对外开放和发展经验，这对新形势下构建国内国际双循环格局是非常有意义的。

一、入世 20 年来我国农业保持了稳定和发展，关键是对入世挑战的准确把握和有效应对

入世谈判中，由于 WTO 主要成员和农产品出口国的高要价，中国农业在农产品市场准入、农业国内支持、出口竞争三大领域做出了远远超过乌拉圭回

合要求的承诺，成为世界上农产品市场最开放的成员，这使我国小规模农业直接面临着来自国外的激烈竞争。

入世对农业究竟有什么样的影响在当时存在很大争议，有期待、有担忧。有的在"狼来了"的喊声中担忧农业受到严重冲击；有的在讲述"鲇鱼效应"中期待通过入世激活中国农业，提出要与狼共舞；有的提出农业农村存在大量隐蔽性失业，入世带来的问题"农民多晒一个小时太阳"就能解决；有的则根据比较优势原则，提出实施非均衡竞争战略，增加土地密集型产品进口，扩大劳力密集型产品出口，等等。

20 年后再来评估入世对中国农业的影响，我们首先看到入世后中国农业农村经济总体上、整体上保持了平稳和较快发展。一是农业增加值保持增长。第一产业增加值由 2001 年的 14 610 亿元增加到 2020 年的 77 754 亿元，增长 4 倍多。二是农产品产量全面增加。粮食、棉花、油料、糖料、猪牛羊禽肉、禽蛋、牛奶和水产品产量分别由 2001 年的 45 262 万吨、532 万吨、2 872 万吨、8 790 万吨、6 340 万吨、2 210 万吨、1 123 万吨和 4 375 万吨，增加到 2020 年的 66 949 万吨、591 万吨、3 585 万吨、12 028 万吨、7 639 万吨、3 468 万吨、3 440 万吨和 6 545 万吨，分别增长 48%、11%、25%、37%、20%、57%、206% 和 50%。即使进口量最大、增长最快的大豆，国内产量也由 2001 年的 1 540 万吨增加到 2020 年的 1 960 万吨，增长 27%。三是农民收入持续提高。农村居民人均收入由 2001 年的 1 748 元（农村居民人均现金纯收入）增加到 2020 年的 17 131 元（农村居民人均可支配收入），增长近 9 倍。当然农民收入来源结构发生了很大变化，工资性收入占比从 32% 提高到 41%，转移性收入占比从 3.7% 提高到 21%。

但我们必须看到，入世 20 年来我国农业保持稳定和发展是多种因素综合作用的结果，这离不开我们对入世挑战的清醒认识，离不开我们的有效应对。其中最重要的因素有以下四个方面。

一是国内社会经济快速发展带来的农产品需求的快速增长。这是最为重要的，正是由于国内需求增长的拉动，使得我们在净进口快速增长的同时，保持国内生产的稳定和增长。进口增加主要是占有我们的新增市场。

二是国内农业自身改革、调整、创新、技术进步和农机化提升了中国农业的竞争力。入世 20 年是我国农业现代化进程发展最快的时期，在结构调整、业态创新、家庭农场和规模经营、信息技术运用和智慧农业以及农业机械化等方面取得了快速进展。

三是国内农业支持政策体系的建立和完善以及支持力度的加大，弥补了大宗农产品基础竞争力的不足。2004 年为转折点，国家逐步加大了对农业的支持。在废除农业税的基础上，实行稻谷和小麦最低收购价政策，一度对玉米、棉花、油菜籽、食糖实行临时收储政策；对种粮农民实行直接补贴、农作物良种补贴和农机具购置补贴，后又调整为农资综合补贴。根据我国向 WTO 的通报，我国农业国内支持总量从 2001 年的 885 亿元增长到 2016 年的 15 070 亿元，年均增长 16%；农业国内支持总量与农林牧业总产值之比从 7% 提高到 17%。

四是对入世挑战的及时有效应对。入世后，根据国务院领导要建立一支专门队伍，进行系统、深入和经常性研究的指示精神，我们成立了农产品贸易办公室和农业贸易促进中心，加强对国际国内农产品贸易问题的研究，加大农业贸易谈判参与力度，加强对国际农产品市场和农产品贸易的监测，强化贸易救济措施的应用。在新的贸易谈判中我们尽力保护住了非常有限的政策空间，在 WTO 多哈谈判中坚持重要农产品关税不减、关税配额不增、国内支持政策空间不压；在与新西兰自贸区谈判中我们争取到了乳制品特殊保障机制；在与澳大利亚自贸区谈判中实现了粮棉油糖系统例外。根据产业面临的挑战和受到的影响，我们推动和及时启动了马铃薯淀粉反倾销，对进口白羽肉鸡产品进行反倾销反补贴，对干玉米酒糟进行反倾销，对食糖进口采取保障措施，对进口高粱和进口大麦启动反倾销反补贴和产业损害调查。这些贸易救济措施对确保我国农业产业安全发挥了重要作用。

入世 20 年我国农业保持稳定和发展，并不否定入世对农业带来的挑战。事实上，入世和农产品市场开放带来的外部竞争压力和影响依然存在。我们必须看到，入世 20 年来我国农产品总供给结构、产业链投资主体结构、价值链结构发生了很大变化且仍将继续，这将给我国农业发展战略目标和农业治理能力带来挑战，非常值得关注。

二、入世对我国农业的影响巨大和深远，无论是其积极的促进作用还是其带来的困难和挑战都十分显著

入世和入世过渡期结束后，我国农产品市场开放度、透明度、稳定性和可预见性大幅提高，在世界各国中处于遥遥领先地位；我国面临的国际市场环境明显改善，这使我国农产品进出口贸易得到了飞速发展。2001—2020 年我国农产品贸易额由 279 亿美元增长到 2 468.3 亿美元，增长 7.8 倍。其中，进口额由 118 亿美元增长到 1 708 亿美元，增长 13.5 倍；出口额由 161 亿美元增长到 760.3 亿美元，增长 3.7 倍；贸易平衡由顺差 43 亿美元转为逆差 947.7 亿美元。

（一）入世和农产品贸易快速增长，大大提高了我国利用国际资源和市场的规模，对促进我国农业健康发展做出了重要贡献

首先，有效增加了我国农产品总供给，大幅提升我国农业供给保障能力。2020 年我国农产品贸易总额相当于当年第一产业增加值的 22%，其中进口额相当于农业增加值的 15%。按照国内粮食口径，将大豆和薯类进口计入粮食范畴，2020 年我国粮食进口 1.36 亿吨，占国内粮食产量 20%。就具体产品进口量与国内产量的相对关系而言，大豆进口 10 033 万吨，是当年国内产量的 5 倍多；棉花和棉纱进口 335 万吨，相当于国内产量的 57%；食糖进口 527 万吨，为国内产量的 57%；奶粉进口 134 万吨，折合鲜奶 1 072 万吨以上，为国内产量的 31%；肉类（含杂碎）进口 957 万吨，为国内产量的 12.5%。农产品贸易不再限于"余缺调剂"和"品种调剂"，已成为农产品有效供给的重要组成部分，发挥着越来越重要的作用。

其次，农产品进口的稳定快速增长，有效地减少了农业对资源环境造成的压力，提升了农业资源配置空间和效率。按播种面积当量计算，全年粮棉油糖肉奶进口相当于 13 亿亩* 以上耕地播种面积的产出，进口播种面积当量占国内作物总播种面积的 50%。如果没有进口的快速发展，要保持目前的供给能力和水平，我国的农业环境和资源将面临难以承受的压力，更无优化资源配置的空间和可能。

再次，农产品出口拓宽了农民就业增收的渠道，促进了农业增效农民增收。2020 年我国农产品出口额 760 亿美元，约为第一产业增加值的 6.7%。我国主要出口果蔬和养殖水产品等劳动密集型农产品，2020 年果蔬出口 233 亿美元，水产品出口 190 亿美元，这些农产品出口量占国内总产量比重小，占用国内农业资源非常有限，出口对特定地区和相关产业的农民增收非常重要，有效促进了我国优势农产品产业提质增效。

（二）入世和农产品贸易快速增长，给我国农业带来的挑战十分显著且将持续较长时间

随着入世过渡期的结束和滞后效应的消失，我国农产品贸易发展中，价差驱动型进口特征显著、进口价格天花板效应增强、缺乏调控政策空间和手段的问题日益突出，对我国农业产业安全和基本供给能力保障带来越来越大的挑战。

---

* 亩为非法定计量单位，1 亩＝1/15 公顷，下同。

一是价差驱动下的超出合理产需缺口之上的非必需进口（过度进口）不断增加，对国内产业的稳定和发展形成明显的抑制和挤压。这一挑战随着国内外市场的波动，对国内特定产业形成了阶段性冲击。最典型的表现是特定产品出现的阶段性过剩和卖难，出现"洋货入市、国货入库"，"产量、进口、库存"三量同增的现象，玉米、棉花、食糖都发生过比较严重的此类情况。我国区域集中度非常高的食糖产业，在进口抑制和打压下，对广西经济影响深刻，甜蜜产业几度苦不堪言。即使需求增长潜力巨大的乳制品，也在进口过快增加的挤压下出现"宰牛倒奶"现象。大豆压榨产业在进口和外资双重影响下，国内中小企业在 2004 年和 2008 年两次较大冲击中被迫退出，产业链主体结构发生重大改变。

二是进口价格天花板效应随着进口规模扩大而不断增强，对国内产业发展特别是大宗农产品生产造成了抑制。入世 20 年来，我国农业生产成本特别是劳动力成本快速增长，由客观实际决定的农业基础竞争力不足的问题日益显现。我国稻谷、小麦、玉米、大豆、花生和棉花的生产成本已先后超过主要出口国美国的水平，成本差距不断扩大，2018 年成本高出幅度分别达到 47%、53%、116%、139%、66% 和 27%。进口价格天花板效应是开放条件下农产品价格形成机制与价格政策选择中最重要的因素。天花板效应给国内农产品价格设置了一个最高限，使得国内农产品价格难以随着成本提升而上涨，严重时导致价格低于成本，这将制约国内农业产业发展的活力和动力，削弱基于成本和收益稳定基础上的价格政策的有效性。这一挑战随着市场的波动，在大米、小麦、玉米、棉花和食糖等产品上表现得非常显著。目前，我国主要土地密集型大宗农产品的国内市场价格已全面超过进口到岸税后价格。大豆进口到岸税后价于 2012 年 10 月起持续低于国内市场价格。棉花按滑准税计算的进口到岸税后价格曾一度持续低于国内市场价格。食糖关税配额外进口到岸税后价于 2015 年 2 月起在大部分时段低于国内市场价格。随着进口的进一步增加和生产成本的进一步上升，进口价格天花板效应将是今后我国农业发展和实施有利的价格政策面临的最大挑战。

三是入世承诺约束下的政策空间不足给农业支持保护政策的强化、调整、优化带来了越来越大的制约，也给新的农业贸易谈判带来了压力。我国农业涉及粮食安全和农民生计保障，具有显著的多功能性和正外部性。农业发展和农产品贸易战略的选择不能单纯基于比较优势原则。由于我国农业特别是大宗农产品基础竞争力不足，需要有足够的力度和有效的方式加强支持和保护。但由于入世承诺，我国农业支持保护政策空间不足的问题日益突出，WTO 规则对我国的约束日益明显。首先非必需进口大量增加和税后进口价格天花板效应增强，本身体现了我关税等边境政策和国内支持政策空间严重不足的问题。其次，我国现有农业政策面临着是否符合 WTO 规则的越来越多的挑战，未来调整和强化空间非常有限。2016 年 9 月，美国在 WTO 对我国对小麦、稻谷、玉米价格支持合规性提出挑战；2019 年 2 月，WTO 裁定中国 2012—2015 年对小麦、籼稻和粳稻的补贴不符合入世承诺；从 2020 年起我们把原先在主产区按最低收购价敞开收购的操作办法，调整为按最低收购价限量收购。2016 年 12 月，美国在 WTO 对中国对小麦、大米、玉米等三种农产品实施的关税配额管理措施提出挑战；2019 年 4 月，WTO 认定中国的大米、小麦和玉米进口关税配额管理办法违反中国承诺。对此，我国不得不对《农产品进口关税配额管理暂行办法》进行大幅度修订，调整国有贸易配额分配、未利用配额再分配等操作办法。但是，美国对我国的政策调整继续进行挑战，2021 年 8 月 31 日，中美双方对"中国是否按裁定充分改革国内农业政策"的立场截然相反，应中方要求，WTO 成立专家组进行审查。

除了上述三方面挑战外，入世和农产品贸易快速增加，使得国际市场波动性和不确定性对国内产业的传导性增强，对国内产业发展和主要农产品供给保障带来风险。新冠疫情下，全球供应链表现出的脆弱性再次警示我们这一风险的存在。

三、总结入世以来农业发展经验，着力构建农业双循环新格局

党的十九届五中全会提出要"加快构建以国内大循环为主体、国内国际双循环相互促进的新发展格局"，这对我们统筹利用国际国内两个市场和两种资源提出了新要求。当前，世界正面临"百年未有之大变局"，贸易摩擦与地缘政治竞争以及对多边贸易体制和规则的违背，新冠肺炎疫情下全球产业链、供应链凸显出来的脆弱性，给经济全球化、国际市场和贸易带来了巨大的不确定性和不稳定性，这需要我们不断推进理论创新和政策创新，系统谋划农业利用两种资源两个市场的总体思路、利用方式和实施路径。

入世 20 年，我国农业的开放度、与世界的关联度大幅提高，国际国内两个市场相互作用不断增强，构建农业双循环新格局，不论是总量平衡还是结构调整，不论是农业增效还是农民增收，不论是业态创新还是发展动能换挡，都不能不考虑国际市场的因素，不能不考虑世界农业和国外农业政策变化带来的影响。农业入世 20 年的经验证明，必须坚持开放发展理念，必须在开放中加强对农业的合理保护；中国农业发展在全球视野下来谋划、在国际竞争中求发

展、在统筹两个市场中保稳定保增长。

（一）构建农业双循环新格局，必须建立健全开放型农产品总量平衡和调控体系

开放条件下，实现农产品总量平衡要有全球视野，要有新思路，变保障产需两元平衡为确保生产、需求、进口三元平衡，确保国内产业政策与贸易政策相衔接，国内生产力布局与充分利用国际市场相匹配，国内供需趋势与进出口增长相协调。要创新农业发展模式，变需求导向和追求数量增长发展模式为资源环境承载能力导向和追求质量的发展模式。要建立健全与三元平衡模式相适应的进口调控体制机制，有效统筹国内生产和进口需求，确保进口适度适当可靠，确保进口不给国内产业带来冲击、不会削弱国内粮食基本供给能力。

（二）构建农业双循环新格局，必须建立健全开放型农业支持政策体系

要从我国大宗农产品基础竞争力实际出发，进一步加大对农业特别是粮食的支持力度，有效降低或弥补生产成本。要在符合WTO规则的基础上，统筹使用好价格政策和补贴政策，调整完善重要农产品价格政策，加大农业补贴力度。要结合藏粮于地和藏粮于技的要求，加大农业基础建设和科技创新支持，在有效利用"黄箱"微量许可政策的同时，加大"绿箱""蓝箱"支持力度。要强化制度创新，明确金融保险部门支持粮食生产的责任，切实加强金融保险对粮食和农业产业的支持，着力解决当前农村金融信贷服务发展滞后问题。

（三）构建农业双循环新格局，要建立健全开放条件下的农业产业安全保障体系

要强化对大宗农产品国际市场的监测、研判和预警等基础性工作，分产品、分国别对供需、价格等开展分析研究，夯实国内循环基础，畅通国际循环路径。鉴于国内小规模农业基础竞争力不足，要着力健全完善贸易救济制度，研究建立基于进口增幅和进口价格跌幅自动触发的、公开透明的一般保障措施刚性启动机制。

（四）构建农业双循环新格局，要建立健全农业贸易促进和农业走出去支持体系

要着力更加有效利用国际市场和资源，推进战略性农业国际合作。要结合"一带一路"倡议，把推进走出去与推进市场多元化结合起来，促进建立多元稳定可靠的粮食进口渠道，提升对大宗农产品贸易的掌控能力。要加强农业贸易促进体系建设，支持出口示范基地建设、品牌创建、国际认证、互认合作以及公共品牌宣传推荐等促进活动，促进形成一批农产品出口龙头企业和一批拳头出口产品，充分发挥农产品出口的增值增效作用。

（倪洪兴，2021 年第 10 期）

入世 20 年中国农产品贸易
发展及趋势展望

2021 年是中国加入世贸组织 20 周年。过去 20 年是中国发展为农产品贸易大国的 20 年，农产品贸易呈快速增长态势，国际地位显著提升。未来 20 年是中国迈向农产品贸易强国的 20 年，农产品贸易规模继续扩大，进口稳定性增强，出口竞争新优势显现，将在服务乡村振兴大局中发挥更大作用。

一、入世 20 年农产品贸易发展变化

2001 年，中国加入世界贸易组织，成为其第 143 个成员。中国入世时大幅削减了农产品关税，显著降低了市场准入门槛，推动农产品贸易进入快速发展阶段。

（一）农产品贸易国际地位显著提升，成为全球第二大农产品贸易国

入世以来，中国农产品贸易规模不断扩大，国际地位和影响力显著提升。中国农产品贸易额占世界农产品贸易额的比重由 2001 年的 3.2％提升至 2020 年的 8％，全球农产品贸易排名由第十一位升至第二位，成为全球农产品贸易增长的主要动力。2011 年以来，中国超过美国成为全球第一大农产品进口国（仅 2016 年略低于美国）；2015 年以来稳居全球第五大农产品出口国，排在美国、荷兰、德国、巴西之后。

中国是全球最大的大豆、棉花、猪牛羊肉进口国，也是食糖、油菜籽、植物油、乳制品进口大国。大豆进口 2001 年为 1 394 万吨，到 2020 年突破了 1 亿吨，占全球大豆进口量比重由 24％增加到接近七成。同一时期，棉花进口量占比由 2.9％增加到 27％，食用油由 6.3％增加到 14.5％，食糖由 3.3％增加到 9％。中国是全球最大的水产品和蔬菜出口国，也是水果、茶叶出口大国。水产品出口额由 2001 年的 40.2 亿美元增长至 2020 年的 187.5 亿美元，占全球水产品出口额的比重从 7.8％增加到 13.4％。同期蔬菜出口额占比由 7.8％增加到 15.5％，水果由 2.4％增加到 5.8％，茶叶由 11.1％增加到 23.7％。

（二）农产品贸易快速增长，是全球农产品贸易增速的两倍

入世以来，中国农业全面融入世界经济体系，农产品贸易快速增长。农产品贸易已不再限于"余缺调剂"和"品种调剂"，而成为供给的重要组成部分。入世 20 年，中国农产品贸易额扩大了 9 倍，从 2001 年的 274.5 亿美元增长至 2020 年的 2 468.6 亿美元，年均增速 12.3%，高于全球农产品贸易额 6.3% 的增速。中国农产品贸易增长阶段性特征明显，前 10 年为高速增长期，后 10 年为稳步增长期。2001—2011 年中国农产品出口额翻了两番，进口额翻了三番。2011—2020 年中国农产品贸易增速有所放缓，出口额增长 26%，进口额增长 81%。

从农产品贸易结构来看，进口量最大的是大豆，出口额最大的是水产品。农产品进口额由 118.5 亿美元增长至 1 708 亿美元，年均增长 15.1%。进口增长额中，大豆增长额占比达 23%，肉类、水产品、水果和坚果、食用植物油增长额分别占比 19%、7.3%、7.1%、4.6%；农产品出口额由 160.5 亿美元增长至 760.6 亿美元，年均增长 8.5%。出口增长额中，水产品增长额占比达 24.6%，蔬菜、水果和坚果、茶叶增长额分别占比 17.4%、10.8%、2.8%。

（三）农产品进口市场相对集中，对外依存度高

粮棉油糖等大宗农产品进口来源地主要集中在少数具有农业资源禀赋优势的国家和地区，且在较长时期内难以改变。入世之初，农产品进口前五大来源地为美国、东盟、澳大利亚、阿根廷和欧盟，进口额合计占比 64%；2020 年为巴西、美国、欧盟、东盟和澳大利亚，占比上升了 3 个百分点。目前大豆进口的九成来自巴西和美国，玉米进口超九成来自乌克兰和美国，棕榈油进口几乎全部来自印度尼西亚和马来西亚，棉花进口的四分之三来自美国和巴西，牛肉进口的六成来自巴西和阿根廷。

农产品总体进口量大，部分农产品对外依存度高。2020 年中国农产品进口额 1 708 亿美元，是农牧渔业增加值的 14.6%。按照国内单产水平和料肉比折算，中国农产品进口量相当于国内 10 亿亩以上耕地的产出，进口农产品所需耕地播种面积相当于国内耕地播种面积的一半左右。2020 年大豆、食糖、棉花进口量分别为国内产量的 511.9%、50.7%、37.8%。

（四）农产品出口市场多元化明显，优势农产品出口竞争力提升

农产品出口在促进农业提质增效、农民就业增收方面始终发挥着重要作用。入世以来，中国农产品出口规模不断扩大，市场多元化格局逐步形成。

2001 年，中国农产品前五大出口市场为日本、中国香港、韩国、美国和德国，合计占农产品出口总额的 64.7％。2020 年，中国农产品出口前五大市场为日本、中国香港、美国、越南和韩国，合计占农产品出口总额的 46.3％，多元化大幅提高。

农产品出口在国际市场中的份额不断提升。尽管近年受生产成本增加、经贸摩擦以及外部竞争加剧等因素影响，但主要优势农产品出口仍呈增长趋势，在国际市场中的份额不断提升。20 年间，中国水产品、蔬菜、水果、茶叶出口在国际市场份额分别增加了 5.6 个、7.7 个、3.4 个、12.6 个百分点。

（五）农产品贸易伙伴进一步扩展，新业态新模式不断涌现

农产品贸易稳定性、便利性增加。中国目前已与全球 200 多个国家和地区建立了农业贸易关系，进口伙伴国（地区）由 2001 年的 142 个增加到 201 个，出口伙伴国（地区）由 2001 年的 191 个增加到 214 个。另外，还通过 19 个自贸协定与全球 26 个国家和地区建立了稳定的优惠贸易安排，2020 年中国与 26 个自贸伙伴间的农产品出口额 478.8 亿美元，占中国农产品出口总额的 63％；进口额 517.7 亿美元，占中国农产品进口总额的 30.3％；农产品贸易额 996.5 亿美元，占中国农产品贸易总额的四成。

新业态和新模式成为农产品贸易增长和农民增收的新动能。随着市场主体加快探索创新，全国设立跨境电商综合试验区 105 个、建设海外仓 1 000 多个，部分试验区聚焦农产品贸易，如广东省佛山市里水镇依托本地特色花卉园艺产业，打造集种植、商贸、物流、金融为一体的农产品跨境电商园区，积极开拓海外市场，通过建设境外展示中心，多渠道强化出口品牌推介。目前我国农业企业在境外设立农产品展示中心超 50 个。

（六）农产品贸易带动产业链延长，贸易与投资一体化趋势增强

农产品贸易带动农业走出去。入世对中国农业国际化提出了新要求，通过整合生产、加工、流通等各环节，强化全球资源配置，推动产业链向国际市场延伸。与此同时，一批跨国农业企业成长起来，国际化水平不断提升，积极拓展国际农产品市场，实现"买全球、卖全球"。

农业走出去拓展农产品贸易渠道。随着农业走出去持续快速发展，从初期的贸易合作扩展到生产投资合作，贸易与投资一体化趋势增强。截至 2019 年，中国农业对外投资存量超过 348 亿美元，境外设立农业企业超过 986 家，涉及种植、养殖、加工、仓储、物流和科技服务等多类别多环节，形成了较为完善的境外产业链体系。中国农业企业加快融入全球农产品供应链，加大橡胶、油

料、乳品等国内紧缺产品投资，推动进口多元化布局，提高了重要农产品的供给稳定性。

二、未来趋势展望

展望未来 20 年，中国将经历由农业贸易大国迈向贸易强国的关键时期。农业现代化水平提升，重要农产品供给将显著增加，消费需求刚性增长，农产品贸易规模将继续扩大，整体增速呈前增后稳态势，贸易结构持续优化，贸易稳定性增强，数字贸易、服务贸易等国际竞争新优势显现。

综合《中国农业展望报告》和专家预测，2030 年中国人口将达到 14.5 亿的峰值，2035 年将基本实现农业农村现代化，居民收入和城镇化水平进一步提高，食物消费进一步升级。对标与我国饮食结构相近的韩国肉类和奶类消费，OECD 数据显示，中国猪肉人均消费量已与韩国基本接近，但牛羊肉、禽肉和牛奶人均消费量较韩国分别低 7 千克、6 千克和 26 千克。作为畜禽饲料主要构成的玉米和大豆消费将继续增长，大米和小麦需求相对稳定。主要产品进出口预测情况如下。

（一）大豆进口持续增长，达 1.1 亿吨以上

未来 20 年，中国大豆生产面积基本稳定，在单产提高的情况下，产量预计在 2 000 万吨以上。随着人口增长、收入水平提高、消费结构升级和城镇化推进，城乡居民对肉禽蛋奶等消费需求将稳步增加。在畜产品高自给率目标的政策背景下，饲用大豆大量进口的格局不会改变，进口增速放缓，预计进口量在 1.1 亿吨以上，巴西、美国和阿根廷等美洲国家仍将是主要进口来源地。据美国农业部预测，未来十年巴西大豆出口呈增长态势，增速超过美国。在中美关系不确定性增加的背景下，中国大豆进口增量将主要来自巴西。

（二）玉米进口需求扩大，或将超配额进口

目前玉米去库存已基本结束，国内供需存在刚性缺口，在国家玉米生产政策调整及高市场收益激励下，玉米种植面积将恢复增长，单产和总产水平继续提高。玉米食用、饲用和工业用消费均呈增长态势，但增速整体趋缓。2021 年中国玉米进口量可能突破 3 000 万吨，随着国内供求关系由趋紧向基本平衡转变，短期内进口量将逐步下降。但从长期看，中国玉米产需仍存在一定缺口，配额外进口或成常态。受比价关系影响，高粱、大麦等玉米替代品的进口也将维持高位。

（三）大米和小麦进口需求有限，仍以品种调剂为主

在"谷物基本自给，口粮绝对安全"的粮食安全观指引下，中国大米和小麦生产将保持稳中有增态势，大米具有一定出口优势。中国大米进口量将保持在配额内水平，除越南、泰国、缅甸等传统进口来源国外，自更有价格优势的印度、巴基斯坦等国进口将大幅增加。2020 年以来，由于价格比较优势，小麦替代玉米大量用作饲料，拉动进口增长，2021 年进口量可能接近配额量水平。但后期随着玉米供需紧张态势缓解、价格下行，小麦进口将从高位回落，进口量将保持在配额内，进口来源仍将比较多元。

（四）棉糖进口保持高位，配额外大量进口

棉花和食糖受水土资源制约、生产成本提高、比较效益下降等影响，种植面积和产量将呈下降趋势。棉花和食糖消费需求扩大，国内产需缺口将长期存在，大量进口仍将是常态。预计棉花进口量 300 万吨左右（关税配额量 89.4 万吨），食糖进口量 500 万吨左右（关税配额量 194.5 万吨）。棉花进口来源地以美国、巴西和印度为主，食糖进口来源地以巴西、古巴等中南美洲国家为主。

（五）畜产品进口有空间，以乳品和肉类为主

受非洲猪瘟疫情影响，中国猪肉产量下降，2020 年和 2021 年猪肉进口激增。随着国内生猪产能快速恢复，规模化养殖水平与生物安全水平提高，猪肉供应能力显著增强，后期进口回落。根据《国务院办公厅关于促进畜牧业高质量发展的意见》发展目标，猪肉自给率保持在 95% 左右，牛羊肉自给率保持在 85% 左右，奶源自给率保持在 70% 以上。按猪肉产量 6 000 万吨计算，进口量在 300 万吨左右；按牛肉产量 800 万吨计算，进口量在 150 万吨左右；按牛奶产量 4 000 万吨计算，折奶粉进口量 200 万吨左右。

（六）水产品、蔬菜、水果、茶叶等农产品出口仍具潜力，价格优势转向质量和品牌优势

目前全球经济在新冠肺炎疫情冲击下缓慢恢复，但复苏前景存在不可预测性，后期将在曲折中前进。全球农产品消费需求增速放缓，但仍将以每年 1% 左右的速度增长，支撑中国优势特色农产品出口在现有基础上增加。其中，水产品贸易进入调整期，在东盟国家同质竞争加剧情况下，出口增速将放缓，预计 2040 年出口量 540 万吨。蔬菜将继续保持出口优势，出口稳定增长，贸易

顺差有所收窄，预计 2040 年出口量在 1 550 万吨左右。水果出口将呈增长态势，2040 年出口量将达 2 200 万吨。总体看，中国农产品出口市场将更加多元，新兴市场与发展中国家占我国农产品出口的比重不断上升。受土地、人工和农资等成本上涨影响，出口价格优势减弱，但质量和品牌优势逐渐增强。

三、政策建议

农业贸易既是保障国内需求的有效途径，也是提高农业国际竞争力、增加农民收入的重要手段。未来中国农业贸易发展，要以确保国家粮食安全和重要农产品有效供给为基本要求，以服务国内大循环、实现国内国际双循环相互促进为主线，助力推进农业农村现代化和乡村振兴。

（一）坚持立足国内，抓好粮食生产

坚守"谷物基本自给、口粮绝对安全、重要农副产品供应充足"的安全底线，牢牢把握粮食安全的主动权，推动落实"藏粮于地、藏粮于技"战略。严守耕地红线和永久基本农田控制线，在综合考虑满足基本供给、农民就业增收、环境保护等因素的基础上明确粮食和重要农产品的基本面积和基础产量。加强种质资源保护利用和种子库建设，加强农业良种技术攻关，提高良种自主可控能力，确保粮食产量和质量稳步提高，以国内稳产保供的确定性来应对外部环境的不确定性。

（二）强化全球农情监测，做好贸易预警

充分利用卫星遥感、海运大数据等技术和渠道，及时跟踪重要农产品主产国农情形势、政策动向和贸易流向，建立风险评价指标体系，对全球和国内农产品市场运行情况进行科学研判。加强公益性信息服务，开展与农业跨国企业和有关部门的会商，提供市场预警信息，提出贸易调控建议，切实提高国内农业企业应对国际市场波动和风险的能力。

（三）推进多元化进口，提高对供应链的掌控能力

提升统筹利用两个市场两种资源能力，加强对农产品贸易的战略规划，努力构建稳定、高效、畅通的农产品供应链。对重要农产品供需进行梳理，进一步明确进口优先序，加强战略性农业国际合作，推动进口市场多元化，不断拓展贸易渠道，提升贸易水平。更好发挥贸易和投资的协同效应，务实稳步推动农业走出去，鼓励国内有实力的跨国农业企业做大做强，在国际粮源地建设物

流中心、仓储和码头，加强对大宗农产品贸易的掌控。研究企业在境外生产的农产品回运优惠政策，探讨对部分紧缺农产品回运免征进口环节增值税的可能性。

（四）培育出口新增长点，带动市场主体提质增效

鼓励市场主体探索科技、产品、服务多要素融合，不断增强创新能力，提高出口产品附加值，促进出口品牌化、规模化，增强参与国际竞争的软实力。顺应数字技术和线上服务加速发展的趋势，完善跨境电商产业链和生态圈，带动跨境电商快速发展。坚持货物贸易与服务贸易协同发展，探索农业全产业链服务贸易新业态，推动农业服务贸易发展，带动我国具有优势的农资、农技、农机等走出去。

（马洪涛，2021 年第 11 期）

中美一阶段协议农产品
采购任务基本完成

2020 年 1 月 15 日，中美签署一阶段经贸协议，执行时间为 2020 年 1 月 1 日至 2021 年 12 月 31 日。协议签署以来，自美农产品进口快速增长，谷物、大豆、肉类等采购力度不断加大，两年共采购 767 亿美元，完成协议目标的 96％。在协议所涉产品中，农产品执行进展最快。

一、协议目标

（一）总体目标

根据协议内容，中方承诺在 2017 年基数上，2020 年和 2021 年分别增加采购美方农产品 125 亿美元和 195 亿美元。协议未明确 2017 年基数是按中方自美进口额还是按美方对华出口额计算，本研究根据协议清单所列农产品，按双方口径分别进行计算。按中方进口额计，2017 年自美进口农产品 241.1 亿美元，2020—2021 年采购目标为 802 亿美元；按美方出口额计，2017 年对华出口农产品 208.4 亿美元，2020—2021 年采购目标为 737 亿美元（表 1）。

表 1　按中美双方口径的农产品协议目标

单位：亿美元

时间	中方口径	美方口径
2017 年基数	241.1	208.4
2020 年协议目标	366.1	333.4
2021 年协议目标	436.1	403.4
2020—2021 年协议目标	802.0	737.0

数据来源：美国农业部和中国海关。

（二）具体目标

美国彼得森研究所报告列出了中美一阶段协议中多种农产品的自美采购目

标。其中，大豆、玉米、小麦、高粱、棉花、猪肉、龙虾、生皮和毛皮的两年目标额分别为 431 亿美元、5 亿美元、13 亿美元、29 亿美元、35 亿美元、9 亿美元、9 亿美元、33 亿美元（表 2）。

表 2   中方多种农产品的自美采购目标

单位：亿美元

产品	采购目标		实际采购额	
	2020	2021	2020	2021
大豆	195.0	236.0	140.8	141.0
玉米	2.0	3.0	12.2	51.0
小麦	6.0	7.0	5.7	8.0
高粱	13.0	16.0	11.5	18.6
棉花	16.0	19.0	18.2	13.4
猪肉	4.0	5.0	16.5	8.9
龙虾	4.0	5.0	2.0	2.0
生皮和毛皮	15.0	18.0	4.0	6.0

数据来源：美国彼得森研究所。

二、协议执行完成度

根据中美一阶段经贸协议，中方需完成的目标金额若按中方口径，为进口额加中方已采购但未装船及在途订单金额；按美方口径，为美方出口额加中方已采购但未装船及在途订单金额（以下目标金额统称为"采购额"）。据此，以中方口径估算我国农产品采购完成度约 96%，以美方口径估算完成度约 95%。此外，美国彼得森研究所只按美方实际出口额计算，中方农产品采购完成度为 83%。

（一）以中方进口估算

中国海关统计，2020 年和 2021 年中国自美农产品进口额分别为 238 亿美元和 389 亿美元，合计 627 亿美元，占目标金额的 78%。根据美国农业部出口采购数据，未装船及在途订单约 140 亿美元，即协议执行期内共自美采购 767 亿美元，完成度为 96%（目标为 802 亿美元）。

（二）以美方出口估算

美国农业部统计，2020 年和 2021 年美对华农产品出口额分别为 272 亿美元和338亿美元，合计610亿美元，占目标金额的83%。根据美国农业部出口采购数据估计，截至2021年12月底美对华出口未装船订单约93亿美元，即协议执行期内共对华出售703亿美元，完成度为95%（目标为737亿美元）。

三、主要农产品采购情况

执行协议导致我国自美农产品进口大增。根据中方海关数据，2020年自美进口额基本与2017年持平，2021年比2017年增长61.4%。

（一）大豆采购近6 700万吨，占实际采购额四成

2017年，我国自美大豆进口量3 285万吨、进口额140亿美元。协议执行期内，2020年自美大豆进口量2 589万吨、进口额106亿美元，2021年进口量3 230万吨、进口额169亿美元；加上未装船及在途订单约861万吨、45亿美元，两年共采购6 680万吨、320亿美元，占采购额（767亿美元）的41.7%。

（二）谷物采购5 350万吨，占实际采购额两成

2017年，我国自美谷物进口量707万吨、进口额15亿美元；其中，高粱、小麦、玉米进口量分别为476万吨、155万吨、76万吨。协议执行期内，2020年自美谷物进口量1 025万吨、进口额25亿美元，2021年进口量2 911万吨、进口额86亿美元；加上未装船及在途订单约1 414万吨、40亿美元，两年共采购5 350万吨、151亿美元，占采购额的19.6%。其中，两年共采购高粱1 401万吨、41亿美元，小麦439万吨、14亿美元，玉米3 510万吨、96亿美元。

（三）肉类采购超290万吨，占实际采购额一成

2017年我国自美进口畜产品主要是猪杂碎和乳清粉，分别为42万吨和29万吨。随着我国对美开放禽肉和牛肉市场，肉类成为畜产品中主要履约品类。2020年自美肉类进口量140万吨、进口额31亿美元，2021年进口量135万吨、进口额41亿美元；加上未装船及在途订单约19万吨、11亿美元，两年共采购294万吨、83亿美元，占采购额的10.8%。其中，两年共采购猪肉111万吨、26亿美元，牛肉22万吨、21亿美元，禽肉96万吨、21亿美元。

（四）棉花采购超240万吨，占实际采购额6%

2017年我国自美棉花进口52万吨、10亿美元。2020年自美棉花进口量

99 万吨、进口额 16 亿美元，2021 年进口量 85 万吨、进口额 16 亿美元；加上未装船及在途订单约 59 万吨、12 亿美元，两年共采购 243 万吨、44 亿美元，占采购额 5.7%。

（五）水产品采购 23 亿美元，占实际采购额 3%

2017 年我国自美水产品进口额 15 亿美元，占自美农产品进口总额 6%。2020 年和 2021 年自美水产品进口额分别为 10 亿美元和 12 亿美元；加上未装船及在途订单约 1 亿美元，两年共采购 23 亿美元，占采购额 2.9%。

四、2022 年展望

总体看，农产品是协议所涉产品中执行进展最快的产品，采购任务基本完成。根据中央农村工作会议精神，我国将稳步提升粮食安全和重要农产品自给水平，预计 2022 年中美农产品贸易额可能在高位小幅回调。

（一）自美农产品进口 350 亿美元左右，粮食进口高位回落

随着国内生猪产能提前恢复，2022 年饲料粮供需有所改善，自美大豆和谷物等进口预计下降。但受飓风冲击以及疫情形势下港口超载、卡车司机短缺等影响，近期美国大宗农产品出港严重延迟，中方 2021 年自美采购尚未到港的农产品仍有约 140 亿美元，预计 2022 年自美农产品进口约 350 亿美元。

（二）对美农产品出口 70 亿美元，可能低于中美经贸摩擦前水平

2021 年我国对美农产品出口扭转过去两年颓势，实现较快增长，全年出口额 74.4 亿美元，同比增长 15.4%。考虑到不对等关税排除将抑制我国对美农产品出口增长，预计 2022 年我国对美农产品出口额 70 亿美元左右，较中美经贸摩擦前仍有差距。

（三）中美农产品贸易面临诸多不确定性

2020 年以来，美国炮制所谓"强迫劳动"，禁止从新疆进口棉花和番茄；2021 年底美国出台所谓"防止强迫维吾尔人劳动法"，加剧了中美农产品贸易不确定性。随着中美一阶段经贸协议到期，我国大宗农产品进口将重新布局。此外，疫情、灾害以及投机炒作等因素，也将对中美农产品贸易产生影响。

（杨静、吴薇、马钰博、郭浩成，2022 年第 3 期）

警惕美国对我国农产品市场开放继续施压

美国农业部经济研究局（ERS）近期发布《中国牛肉、玉米、猪肉和小麦进口潜力》研究报告，认为中国实施的贸易措施限制了美农产品对华出口。报告运用一般均衡模型对中国取消相关产品关税和非关税措施后进口增长情况进行了模拟，认为牛肉、玉米、猪肉和小麦进口量将分别增长 46%、91%、4 倍和 2.5 倍，美国对华出口量也将大幅增加。近年来美国为扩大农产品输华频繁对我国市场开放施压，该报告有可能成为美方再次挑战我国农业贸易政策的工具或论据。对此我国应坚持底线思维，加强前瞻性分析研判，积极应对美方无理指责或挑起新一轮经贸摩擦。

一、报告认为中国国内农产品价格大幅高于美国，但中国设置的关税和非关税措施限制了进口增长

报告选取牛肉、玉米、猪肉和小麦四个产品，对 2020 年 1 月至 2021 年 5 月的中国国内价和自美进口到岸价进行比较，发现中美农产品间存在高水平价差，认为中国对三大主粮实施进口关税配额管理以及对畜产品等实施的非关税措施制约了美农产品进入中国市场。

（一）中美牛肉价差超四成，中方疯牛病防控措施限制美牛进口

随着中国居民收入增长和消费升级，过去十年间牛肉消费呈稳定增长态势。由于土地资源不足、牧草短缺，中国国内牛肉长期产不足需，价格处于高位，2020 年较美牛到岸价高 43%。动物疫病是阻碍中国进口美牛的主因。2003 年美国发现疯牛病病例，中国在之后的 10 多年间禁止美牛进口；2016 年恢复进口后，仍对美牛设置了不超 30 月龄、可追溯产地、不含莱克多巴胺（瘦肉精）等条件，只有少数美供应商有资格对华出口。美在华市场长期缺位导致在与澳大利亚等国竞争中处于不利地位，出口增长缓慢。2020 年中美一阶段协定实施，中国取消美牛进口的牛龄限制，自美牛肉进口量实现了显著增长。2021 年自美进口达 14 万吨、同比增 4.1 倍，自全球牛肉进口 233 万吨、增 10.1%。

（二）中美玉米价差近五成，配额外高关税限制美玉米进口

中国政府政策变化持续影响国内玉米价格，2007—2016 年中国实行玉米临时收储政策，且收储价格不断上涨，其间玉米国际价格仅为国内一半，企业进口动力强劲。然而，中国对玉米实行关税配额管理，配额量 720 万吨，配额内关税 1%，配额外关税 65%，受玉米配额外高关税限制企业转而进口高粱、大麦、干玉米酒糟等低关税（税率 2%～5%）替代品，玉米进口量保持在 300 万～500 万吨水平。2016 年中国取消玉米临储政策并加快去库存进程，2017 年玉米出现产需缺口并逐年拉大，国内价格持续上涨，2020 年比进口美国玉米价格高 48%。尽管价差幅度仍低于 65% 的配额外关税，但在实施中美一阶段协定背景下，2020 年中国玉米进口量首度突破关税配额量，2021 年更是高达 2 834 万吨、同比增 1.5 倍，其中自美进口 1 983 万吨、增 3.6 倍。

（三）中美猪肉价差超 1 倍，莱克多巴胺检验检疫措施限制美猪进口

尽管中国是世界最大的猪肉生产国，但受生产成本上升、非洲猪瘟等因素影响近年来猪肉进口快速增长。美国猪肉对华出口主要受限于中方莱克多巴胺使用禁令。由于美国允许养殖业使用莱克多巴胺而中国禁止，只有隔离养殖、停用该药物的美猪才可以出口到中国市场。中美经贸摩擦中，中方为反制美国 232 措施和 301 措施累计对美国猪肉加征 50% 的关税，但美国在 2019—2020 年仍是中国第二大猪肉进口来源地。总体看，2012 年以来中国国内猪肉价格比美国大约高 1 倍，2018 年中国暴发非洲猪瘟后价差超出 2 倍。中方在中美一阶段协定中承诺对美猪肉中莱克多巴胺的最大允许残留量进行科学的风险评估，放宽了准入条件。2020 年中国猪肉进口量创 430 万吨的历史新高，其中自美进口 70 万吨。2021 年受生猪产能恢复、价格下行影响，进口量降至 357 万吨，自美进口降至 40 万吨。

（四）中美小麦价差近四成，小麦关税配额管理和分配规则限制美麦进口

为保护国内生产者利益，中国对小麦进口实行关税配额管理，配额量 964 万吨，配额内关税 1%，配额外关税 65%。长期以来，中国小麦进口关税配额的 90% 为国有贸易配额，被一家国企支配，只有 10% 为非国营配额。尽管申请非国营配额的企业超过 900 家，但 2001—2019 年间中国小麦关税配额从未完成。WTO 对美国诉中国关税配额管理案做出裁决后，2019 年中国修订了小麦配额申请和分配规则，规定自 2020 年起任何公司都可以申请国营和非国营

配额。按照配额内 1% 关税计算，2020 年中国国内小麦价格比美麦价格高 38%，有较大进口潜力。传统上中国进口小麦主要用于制粉，但随着国内小麦和玉米的比价关系发生改变，2020 年中国小麦饲用消费大幅增长；加之履行中美一阶段协议以及为防止疫情引发供应链中断而提前储备等因素影响，2020 年中国小麦进口量比上年翻一番，超过 800 万吨。2021 年进口量首度超过配额量，达 971 万吨、同比增 16.6%，其中自美进口 273 万吨、增 65%。

二、报告认为中国取消农业贸易措施将为美农产品出口带来巨大机会

报告采用一般均衡模型（CGE）模拟了中国取消相关农业贸易措施、消除国内外价差对农产品进口的影响。模拟结果认为，在中长期（5～10 年）情形下，即农民可以对土地、劳动力、资本等生产要素进行调整情形下，中国农产品取消贸易措施后的进口量与同期仍实施现行贸易措施的进口量相比将大幅增长；短期（1 年）情形下，由于资源流动受限，中国进口增幅将较长期场景减半。

（一）中国牛肉进口将增长 46.3%，美国对华出口将增长 44.8%

CGE 模型结果显示，若放开进口限制，长期看中国牛肉进口将增长 46.3%。由于进口增长，中国牛肉产量将下降 8.5%。美国对华牛肉出口将增长 44.8%。由于美国占中国牛肉进口比重较小，西欧等其他主产区对华牛肉出口增幅预计更大，达 47%。短期内，贸易变化将减少一半左右，中国进口量将增长 25.2%。

（二）中国玉米进口将增长 90.9%，美国对华出口将增长 132.1%

长期看，若取消玉米进口配额制，中国玉米进口量将增长 90.9%，高粱、大麦等替代品进口小幅下降 1.7%。受此影响，中国玉米产量将下降 3.2%。美国对华玉米出口将增长 132.1%，拉动美玉米产量增长 7.7%；其他国家对中国玉米出口将增长 80.5%。短期内，中国玉米生产资源不会有显著变化，进口量仅会增长 12.5%。

（三）中国猪肉进口将增长 402%，美国对华出口将增长 440.1%

长期看，若取消猪肉进口限制，中国猪肉进口将增长 402%，国内猪肉产量将下降 77.9%。美国对华猪肉出口将增长 440.1%，欧盟等其他出口方对华

猪肉出口增长 395.6%。研究中所采用的价差为非洲猪瘟时期的较高价差（200%），若采用 2021 年的价差（约 50%），中国进口增幅将降至 68%。短期内，由于生产资源流动有限，中国猪肉进口将增长 117%（按照非洲猪瘟时期较高价差计算）。

（四）中国小麦进口将增长 248.9%，美国对华出口将增长 234.5%

中长期看，在取消小麦关税配额的情况下，中国小麦进口将增长 248.9%。美国对华小麦出口将增长 234.5%，其他国家小麦出口到中国市场的更多，增幅达 254.6%。预计中国小麦产量将下降 5.5%，美国小麦产量增长 9.8%，世界其他地区产量增长 4.2%。短期内，中国小麦进口增幅约为 48.2%。

三、中国需警惕美对我国农产品市场开放继续施压，牢牢守住粮食安全底线

入世以来，我国农产品市场高度开放，农产品平均关税仅为世界平均水平的 1/4，使用的动植物检验检疫等措施均是为保护人们身体健康和动植物安全而采取的必要举措。在市场开放等因素作用下，我国农产品贸易特别是进口持续快速增长，近 20 年农产品进口额年均增长 15.7%，为包括美国在内的农产品出口国提供了巨大的市场机遇。然而，近年来美国为扩张出口利益以及强化对全球粮食体系的主导频繁挑战我国农业支持保护政策，本次 ERS 报告的发布预示着美国有可能进一步对我国施压，对此我国需加强前瞻性研究，完善国内政策创设，积极做好应对，守牢粮食安全底线。

（一）未雨绸缪，加强农业国际贸易前瞻性研究

一是开展美国农业政策合规性研究。紧盯美国农业贸易政策变动，重点围绕美国农业补贴合规性以及对我国农产品设置的非关税贸易壁垒等进行分析研判，为多双边谈判提供有力支撑。二是持续推动进口多元化研究。从维护农产品供给安全乃至国家经济安全的战略高度，围绕大豆、玉米、高粱和肉类等重点产品以及来源地、运输通道、进口口岸和贸易渠道等重要维度，深入开展进口多元化研究，不断优化农产品贸易布局，降低对美国的依赖。三是加强监测预警和信息发布。持续跟踪国际农产品生产、消费和贸易情况，结合国内供需变化和走势，对重要农产品进口的长短期趋势开展科学研判和预警。

（二）与时俱进，及时调整和创设农业支持保护政策

一是坚持市场化改革方向。以良种补贴、重大关键技术补助、农产品目标价格补贴、保险费补贴等市场化政策，实现对粮食等重要农产品生产支持。二是用好用足"黄箱"支持。"黄箱"支持是对生产激励最有效的措施。根据入世承诺，我国"黄箱"支持须保持在 8.5% 的微量许可水平之内，即对特定产品支持不超过该产品产值的 8.5%，对非特定产品支持不超过农业总产值的8.5%。二者相加，理论上可达到农业总产值的 17%。目前我国非特定产品"黄箱"支持离约束上限还有较大空间，要充分利用，强化对大豆、油料等紧缺农产品的生产性支持。三是健全"绿箱"政策。要重点利用好"绿箱"支持政策，加强高标准农田建设，增加对农业科技的投入。

（三）有的放矢，有理有节应对中美经贸摩擦

一是做好对美农业磋商准备。中美第一阶段经贸协议已经到期，美方为延续其获取的农业出口利益可能会发起新一轮经贸谈判。美报告提及的中方疯牛病防控措施、猪肉莱克多巴胺检验检疫措施以及粮食关税配额管理等可能成为美方要价的重点，对此我国应做好谈判预案。二是牢牢守住口粮关税配额管理底线。对重要敏感农产品实行关税配额管理是国际通行做法。我国对小麦、玉米等产品的关税配额管理措施符合 WTO 规则，且对确保"口粮绝对安全"发挥着关键作用，在对美谈判中必须坚守底线，坚持对三大主粮的关税配额管理。三是重视舆论引导。对于美国炮制"新疆棉""中国屯粮"等事件，我国需更好利用国内外媒体和智库等各类机构进行有力回击，维护国家形象和利益。

（冷淦潇、吴薇、马建蕾，2022 年第 12 期）

我国农业服务贸易发展现状和机遇挑战

习近平主席在 2021 年中国国际服务贸易交易会全球服务贸易峰会上指出，"服务贸易是国际贸易的重要组成部分和国际经贸合作的重要领域，在构建新发展格局中具有重要作用。"近年来，农业货物贸易对"保供固安全、振兴畅循环"做出了重要贡献，农业服务贸易也在全球经济合作深化、农业现代化转型升级的催动下，展现出巨大发展潜力，为我国乡村振兴开新局和农业贸易高质量发展提供新助力。

一、农业服务贸易的概念

全球对农业服务贸易的研究处于起步阶段，它是向国（境）外提供或购买农业相关服务的贸易形式，即农业服务业的进出口。从提供方式看，在 WTO 服务贸易总协议（GATS）界定的跨境交付、境外消费、商业存在和自然人流动等四种方式中都存在农业服务贸易；从产业链看，研发、生产、加工、包装、储运、营销和消费等环节均可发生农业服务贸易。顺应我国农业发展现状，农业服务贸易根据不同方式和环节组合，形成了五种典型模式。

（一）GATS 分类下的农业服务贸易

将 GATS 对服务贸易的定义延伸到农业领域，农业服务贸易可分为农业跨境交付、农业境外消费、农业商业存在和农业自然人流动等四种方式。

一是农业跨境交付。指在国（境）内向国（境）外提供农业服务，服务提供者与消费者都不移动。主要包括跨境农业保险、金融和信息服务，涉农知识产权和版权许可，农产品物流，远程农业技术咨询和教育培训等。如通过视频邀请境外农业科技专家就某一问题进行指导。近年来太平洋财险在国内为在保加利亚的玉米和小麦种植项目提供生产保险和进口货运险服务，也是农业跨境交付。

二是农业境外消费。指在国（境）内向国（境）外的消费者提供农业服务，核心是提供者不跨境，消费者跨境。包括跨境农业旅游、跨境接受农业技术培训、在外国港口修理农产品运输船舶和远洋渔船等。如新疆吐鲁番葡萄沟、云南哈尼梯田等景区接待外国游客，中水集团的远洋渔船在斐济港口接受维修等。

三是农业商业存在。指一个国家的农业服务提供者在其他国家境内设立商业机构，提供农业服务。如浙江新安化工集团在加纳成立的新安阳光农资公司为当地农场提供植保服务，中国农业银行在缅甸的附属机构向缅农民提供农业金融服务等。从发达国家的经验看，农业商业存在是农业服务贸易的主要模式。

四是农业自然人流动。指一个国家的农业服务提供者跨境为其他国家消费者提供服务，包括田间作业和培训授课等涉农技术指导。如宁夏酒庄邀请法国酿造师到宁夏指导葡萄及葡萄酒生产，山东寿光农业合作社邀请日本专家到寿光讲解果蔬种植技术等。

（二）产业链视角下的农业服务贸易

从产业链的视角，农业服务贸易可发生于产前、产中和产后各个环节。

一是产前服务贸易，包括知识产权转移（品种权）、劳动技能提升（远程教育和培训）、生产资料改善（土地整理、修建灌溉设施、养殖场设计）、制定行业和产业发展规划等。

二是产中服务贸易，包括栽培技术指导、病虫害防治、保障生产的融资和保险、代耕代种代防治等。

三是产后服务贸易，包括产品代收、仓储、物流、零售和批发、包装和设备维修等。

（三）我国农业服务贸易的典型模式

我国农业服务贸易在实践中展现出多种混合形态，既有 GATS 下不同方式的组合、产业链不同环节的组合，也有 GATS 下的方式和产业链环节的组合。主要呈现以下几种典型模式。

一是农资农机型，以农资农机供应为依托，形成"农资＋服务""农机＋服务"的贸易形态。

二是农业技术型，以绿色、优质、高效农业生产技术为依托，形成"技术＋服务"的贸易形态。

三是加工仓储型，以农产品加工仓储设施为依托，形成"加工＋服务""仓储＋服务"的贸易形态。

四是流通营销型，以农产品物流渠道和销售网络为依托，形成"交通设施＋服务""营销渠道＋服务"的贸易形态。

五是信息服务型，以信息渠道和平台为依托，形成信息服务贸易形态。

二、发达国家农业服务贸易发展情况

美国、日本等发达国家均是服务贸易强国，农业服务贸易处于世界领先水平，不同国家各具形态，各有特色，但各国均没有对农业服务贸易的统计。

（一）美国农业服务贸易大而全，依托大企业走出去

美国服务贸易规模全球第一，其农业服务业也处于领先地位。美国拥有众多体量庞大、技术领先的跨国公司，且在海外设有大量分支机构，深度参与他国农业市场。跨国公司是美国开展农业服务贸易的主体，覆盖农业产运销全流程。生产环节主要提供数字农业解决方案和售后服务。如科迪华（Corteva）等通过农业大数据分析及卫星监测，在选种播种、肥料和土壤管理、生产预警和成本控制等方面为用户提供实时监控和指导；约翰迪尔（John & Deere）通过遍布全球的经销商网络，为当地用户提供农机维修服务，并利用《千禧年数字版权法》限制第三方维修，保障自身利益。流通环节主要为物流服务。如嘉吉（Cargill）远洋运输发达，其船队拥有 600 多艘船只，每年可运输 2 亿吨以上大宗商品。销售环节主要为贸易咨询、信息和金融服务。如嘉吉通过在新加坡等地设立咨询公司，为客户提供农食产品及其供应链等信息咨询和数据分析预测服务。此外，大型跨国公司还基于其业务从事相关农业金融服务，在全球范围内开展融资租赁和农业投资等业务。

（二）日本农业服务贸易小而精，科技要素含量高

日本是服务贸易强国，服务出口排全球第十，出口的服务具有明显高科技特征，知识产权和技术相关服务占出口总额的近一半。农业服务贸易方面，与尖端技术相结合的智慧农业是日本政府主推的方向。2020 年，日本农林水产省出台"智慧农业推广综合配套方案"，提出在海外发展智慧农业技术和食品基础设施技术的政策设想和有关支持举措。一是支持智慧农业技术出口。在输出农机农资、食品加工和检测、品质管理等产品和技术的基础上，强化大数据收集和信息利用，提高伙伴国农业从业者的生产效率，增强其抵抗市场风险的能力。二是建立产学研一体化技术平台。根据海外需求进行农业技术研发，如利用信息和通信技术实现近海水产养殖自动化等，并通过派遣专家参加国际研讨会等形式，推进平台研究成果在海外市场利用。三是政府推动形成合力，有效促进出口。在政府层面深化双边合作、创造有利外部环境，在民间推动企业

以东盟国家等为主要目标市场，促进农业技术输出。此外，推动在非洲发展平台型服务企业，为构筑食品产业价值链提供支持。

（三）新西兰农业服务贸易专而优，重视细分领域，深挖技术潜力

新西兰农业服务贸易专注于细分领域，以本土优势产业为着力点，借助高度专业化的农业技术解决方案，通过垄断性跨国企业输出优势品牌价值。以新西兰猕猴桃产业为例，佳沛（Zespri）是全球猕猴桃市场的领导品牌，约占全球份额的30%，中国是其最大消费市场。一是建立系统。建立了全球供需标准统一的"佳沛系统"，该系统涵盖田间地头的生产管理、质量检测、标准化分包、储藏运输等环节，并通过收取佣金，授权海外种植户品牌和"佳沛系统"使用权。二是授权生产。在意大利、希腊、法国、韩国和日本等海外地区授权基地进行生产，为海外种植户提供栽培技术、施肥方法、病虫害防治等全套生产解决方案。海外种植成为佳沛重要生产来源，2020/2021年度海外猕猴桃产量合计占佳沛集团猕猴桃供应总量的13%，销售额为3.2亿美元。三是收取佣金。海外授权基地所产猕猴桃只能由佳沛集团销售，海外种植户需向佳沛缴纳佣金，该佣金比率大幅高于新西兰本土种植户缴纳的专利费比率。

三、中国农业服务贸易发展状况

当前中国农业生产性服务业发展迅速，正朝着不同类型优势互补、不同模式相互衔接的新型农业社会化服务体系的方向发展。但整体看，农业生产性服务业延伸到境外的少，农业服务贸易发展有很大提升空间。据专家估算，2019年农业服务贸易总额约650亿元人民币，不到服务贸易总额的2%。

（一）我国农业服务贸易发展现状

2021年，农业农村部面向全国征集的农业服务贸易典型案例共涉及53家企业，按照农业服务贸易典型模式可分为农资农机、农业技术、加工仓储、流通营销和信息服务等五种类型，多家企业同时提供两种或两种以上服务，市场集中在东南亚、非洲和南美洲等地，占比超过六成。

农资农机型，涉及8家企业。四川蜀兴种业有限责任公司在越南为当地农户及农业企业提供农机服务，截至2020年已在越南十多个省份及地区提供3万余亩的旋耕机开荒作业、无人机统防统治服务及2万亩的收割机机收服务。江苏沃得农业机械股份有限公司在国外销售的农机曾因缺少配套服务被迫退出当地市场，在确立了以服务为重心的发展战略后，公司产品成功进入印度市

场，并为当地用户提供高水平、标准化服务，已成为印度排名前三的知名农机品牌。安徽中联农业机械股份有限公司以非洲作为重要战略市场，在塞内加尔等国建立了覆盖全国市场的农机营销服务网络，提供农机使用、保养、维修等服务，为海外用户提供农业生产的全程机械化解决方案。

农业技术型，涉及 27 家企业。福建正原菌草国际合作有限责任公司致力于打造菌类产品开发和加工、菌草生态治理、菌草菌物饲料和饲料添加剂、生物质能源和有机肥料的技术体系，以非洲国家为目标市场，在巴布亚新几内亚、卢旺达、斐济和莱索托等 13 国建立了菌草技术培训示范中心，并在销售菌草种植收割机、青贮饲料破碎打包机等设备的过程中为用户提供菌草产业上下游一揽子解决方案。袁隆平农业高科技股份有限公司通过派遣技术专家、提供育种制种技术等，在菲律宾推广杂交水稻 22.6 万公顷，惠及农户 13.4 万户，促进稻谷增收 30.8 万吨，并为中菲农技中心、地方农业局等涉农单位培训了大量本地农业专业人才。宁夏金福来羊产业有限公司由科技人员创办，以其承担的中国援毛里塔尼亚畜牧业技术示范中心项目为依托，为当地提供农牧业技术服务，如奶牛良种化繁育场服务、紫花苜蓿灌溉技术服务等。

加工仓储型，涉及 18 家企业。辽宁五丰农产品加工有限公司分别在比利时、英国及西班牙港口建立保税仓库，货物从国内通过海运抵达保税仓，办理检疫、检验、清关后 24 小时内配送全欧客户，快速提供所需的高质量产品。山东百佳食品有限公司高度重视海外仓平台服务，已并购美国、荷兰等 5 家相关公司，在芝加哥建立 1.5 万平方米的仓储物流中心，对海外企业提供海运、清关、物流、仓储、配送、售后和加工等配套服务，通过信息化系统为客户提供全程可追溯的管理和服务。

流通营销型，涉及 16 家企业。安徽易商数码科技有限公司在老挝建立全国农村电子商务平台，帮助老挝当地实现农产品在线交易。浙江新洲国际贸易有限公司投资经营中国农产品美国展示中心，提供 B2B 跨境贸易服务，帮助美国西部的商场、超市、餐馆与中国农产品企业进行精准对接。

信息服务型，涉及 4 家企业。山东潍坊农创港跨境电商产业园依托安丘特色农产品（大葱、大姜、大蒜）产业优势，以全国农产品为辐射点，全力打造跨境电商出口平台，通过大数据、云计算、区块链、物联网等技术整合国内外资源，实现海内外客户精准对接。重庆渝贸通供应链管理有限责任公司帮助海外客户集中采购，办理物流清关等相关服务，并联合海外客户进行市场品牌营销及推广。

（二）我国农业服务贸易发展的问题和挑战

从内部看，我国农业服务贸易规模小，在农业全球价值链中竞争力不强，政策支持不足。一是服务形式单一。我国现有农业服务多依托境外农资农机、农技和加工仓储等企业为当地用户提供服务，其他形式的服务贸易少。二是出口市场集中。受限于国内农业技术、标准、操作规范水平，目前我国主要向东南亚、非洲和南美洲等市场提供农业服务，进入欧美市场的少。三是市场主体实力弱。多数海外农业服务企业业务集中于某一细分领域，尚未形成全产业链供应能力。四是政策支持不足。目前资金、技术、人才等要素向农业服务领域流动意愿不强，流通渠道不畅，配套支持体系尚不健全。

从外部看，我国农业服务贸易发展面临巨大挑战。一是竞争对手占据先发优势卡位限制我国发展。全球农业产业链中的品种选育、农化服务、精深加工、品牌营销等高端环节和市场份额多被跨国巨头掌控和占领，新增或挤占市场难度较大。二是贸易伙伴较难提供稳定良好的贸易环境。我国农业服务贸易伙伴多为发展中国家或不发达国家，经济环境差、发展水平低、法制不健全等增加了服务成本。一些伙伴国内局势动荡，难以保障经贸安全，为农业服务贸易发展带来不确定性。三是国际贸易规则复杂演变。百年未有之大变局背景下，新一轮经贸规则调整与大国利益博弈加剧，服务贸易和数字贸易规则备受各方关注。农业服务贸易及相关投资准入或将面临更严格的规则约束和更严苛的门槛设定。

（三）我国农业服务贸易发展前景

我国是全球第二大服务贸易国，仅次于美国，2021 年服务贸易总额 52 982.7 亿元，同比增长 16.1%。此外，我国也是全球第二大农产品贸易国，这为农产品服务贸易奠定了坚实基础。因此，在继续推动货物贸易的同时，积极推进农业服务贸易，这将成为培育我国农业国际合作竞争新优势的重要增长点。

一是国内经济发展形势良好，新发展阶段、新发展理念为农业服务贸易发展创造新机遇。"十三五"以来，我国推出一系列促进服务业发展的举措，全国服务贸易"一试点、一示范、多基地"改革开放创新平台网络基本建立，与 7 个国家签署了双边服务贸易合作协议等，为"十四五"时期服务贸易高质量发展奠定了坚实基础。《"十四五"服务贸易发展规划》明确要培育特色服务贸易竞争新优势，"积极参与全球农业科技合作，建设农业特色服务出口基地，打造农资农机、农业信息、农产品仓储流通等服务'走出去'的平台载体，加快发展农业服务贸易"，为促进农业服务贸易发展创造了巨大机遇。

二是全球对服务贸易的需求不断增长，为农业服务贸易发展提供新空间。近年来，全球服务业实现大发展，发达国家服务业在国民经济总产值中比例均呈上升趋势。国际服务贸易增速高于货物贸易增速，服务贸易已经成为经济增长的重要动力之一，这为农业服务贸易提供了新发展空间。随着多双边服务贸易规则协调加速推进，服务领域开放合作日益成为推动国与国之间合作交流的重要力量，为农业服务贸易加速发展提供了良好的外部环境。

三是新业态、新技术、新模式竞相涌现，为农业服务贸易发展提供新平台。我国当前正处于数字经济时代，5G、智慧物流和大数据催生贸易领域不断涌现新业态、新技术、新模式，通信手段革新、互联网革命、线上技术指导、无人机服务和跨境电商等都推动了全球农业转型升级，全面赋能农业服务体系，实现产前、产中和产后的深度融合，大幅提升农业服务的可贸易性，为农业服务贸易的快速发展提供广阔新空间。

四、我国农业服务贸易未来发展对策

（一）加强顶层设计和整体谋划

建立农业服务贸易统计制度，细分行业类型、服务环节和服务模式，准确评估我国农业服务贸易规模和潜力。厘清我国农业服务贸易现状和问题，编制推动农业服务贸易发展的行动规划。出台支持政策，引导社会资本向农业服务贸易领域流动。积极开展 WTO 框架下农业服务贸易规则研究，明确其内涵、外延和模式界定，在国内外形成共识定义和完整理论，抢占国际规则制高点。举办国际农业服务贸易大会，凝聚各方共识。

（二）打造农业服务贸易公共服务体系

支持组建全球农业服务贸易联盟，充分发挥政府、企业、国际组织、科研院所、行业协会等主体积极性，制定行业标准和规则，引领全球市场规范。积极培育创新能力强、集成服务水平高、具有国际竞争力的农业服务外包龙头企业。培育一批数字化农业服务外包平台，加强农业服务贸易新型业态宣传，营造良好发展环境。健全农业生产性服务业体系构建，提高资金、科技、人员在农业技术研发的投入，培育知识产权、标准、品牌等农业服务业核心竞争力。

（三）强化农业特色优势服务出口促进

依托现有的农业对外开放合作试验区、出口农产品质量安全示范基地（区）、国家现代农业产业科技创新中心等载体，加强农业科技合作，打通农资农机、农业信息、农产品仓储流通等服务"走出去"渠道。新建一批突出农业特色优势的服务出口基地，打造农业服务出口平台。依托中国国际服务贸易交易会、中国国际进口博览会等重要国际经贸平台，举办全球农业服务贸易展会，组织发展论坛、产品展示、合作对接等活动，推动企业商业合作，促进农业服务出口。

（四）加快农业服务贸易内容和形式创新

一是促进农业服务贸易内容创新，推动国内生产性服务业内涵不断丰富。为农业生产经营与管理提供农业耕、种、收等中间服务；满足农业科技应用和科技推广等人力资本服务；提供农业生产经营全过程的财务管理等服务；提供农产品市场营销与品牌塑造等市场服务；提供金融、保险与物流等中介服务。二是促进农业服务贸易形式创新，推动服务形式外延不断拓展。利用大数据、物联网等新技术打造服务贸易新型网络平台；构建数字农业综合服务体系，大力发展云外包、平台分包等新模式新业态；推进贸易数字化发展，研究建立推进贸易数字化的政策制度体系，推动企业数字化国际合作，加快农业服务贸易全链条数字化赋能。

（刘武兵、杨静、吴薇、刘博、张翼鹏、刘芳菲、
郭浩成、孙玥、李希儒，2022 年第 5 期）

草甘膦限量标准变化
对我国农产品贸易的影响

2015 年以来，全球使用量最大的除草剂——草甘膦陷入致癌争议的"泥沼"，引发世界范围的残留限量标准提升甚至禁用，同时草甘膦在我国主要进出口农产品中均有广泛使用，其残留限量标准的变化难免对我国农产品贸易产生冲击。因此，研究草甘膦限量标准提升带来的影响对做好农业贸易促进工作具有重要指导意义。

一、中外草甘膦使用情况与残留限量标准对比

（一）全球草甘膦使用情况与争议

草甘膦是一种广谱性、灭生性化学除草剂，是目前全球使用量最大的除草剂，在全球 100 多个国家、50 多种作物上广泛使用。2016 年全球草甘膦用量约为 71 万吨，其中巴西（15 万吨）、美国（12 万吨）、阿根廷（10 万吨）用量排在前三，中国草甘膦用量（7 万吨）仅次于上述三国。[①] 生产方面，中国年产草甘膦约 50 万吨，与美国同为全球草甘膦产量最大的国家。

2015 年世界卫生组织下属法国国际癌症研究中心（IARC）在报告中将草甘膦划为可能对人类致癌的级别，随后美、欧和亚洲众多国家开始质疑甚至禁用草甘膦。至今已经有 30 余个国家禁用草甘膦，而且这一数字还在持续上升。从当前趋势判断，全球禁用草甘膦范围将扩大，未禁用国家也在不断提高限量标准。同时一些使用草甘膦较多的国家也开始寻找其替代产品，如草铵膦（同为三大广谱除草剂，另一个为因毒性较强被广泛禁用的百草枯）等，以应对草甘膦目前遇到的困境。

（二）中国主要进出口产品使用草甘膦情况

根据我国农药登记记录，目前我国使用草甘膦的谷物产品主要包括玉米、小麦（免耕）、水稻（免耕）等，该除草剂还被广泛应用于苹果、柑橘、梨、

---

① 益军 . 2018 年中国（全球）草甘膦市场分析［J］. 农药市场信息，2018（5）：27 - 31，36.

香蕉等果园，以及茶叶、油菜、棉花、桑树、剑麻等作物。水果（尤其是苹果和柑橘）和茶叶是中国优势出口农产品，如果草甘膦在全球范围被禁用或者提高残留限量标准，对我国农产品出口贸易的影响主要体现在这些产品上。中国进口产品中涉及草甘膦的主要为大豆、大麦、玉米、高粱等，其进口来源地美国、巴西、阿根廷等均为草甘膦使用大户，种植品种多为抗草甘膦品种。全球范围草甘膦禁用或者残留限量标准提高对中国进口这些农产品会有影响。

（三）中国草甘膦残留限量标准调整空间分析

从贸易影响角度出发，本研究主要关注涉及草甘膦的出口产品苹果、柑橘、茶叶和进口产品大豆、大麦、玉米、高粱。为明确中国草甘膦残留限量标准水平及可调整空间，本研究对比了中国与国际食品法典委员会（Codex Alimentarius Commission，CAC）、欧盟和美国在这七类产品上设定的草甘膦残留限量标准。CAC所公布的食品农残限量标准是世界各国广泛接受的国际标准；欧盟是公认农药残限量标准最为严格的地区之一，其标准可作为提高草甘膦残留限量所要达到的目标；美国是谷物和油料等大宗农产品种植过程中使用草甘膦较多的国家，也是我国谷物和油料的主要进口来源国，可代表中国大宗农产品进口来源国现行标准（表1）。对比后可以发现：

表1　中国与世界草甘膦残留限量标准对比

单位：毫克/千克

产品	CAC标准	欧盟标准	美国标准	中国标准
苹果	暂无	0.1	0.2	0.5
柑橘	暂无	0.5	0.5	0.5
茶叶	暂无	2	1	1
玉米	5	1	5	1
大豆	20	20	40	暂无
高粱	50	20	30	2
大麦	400	20	30	2

资料来源：根据官网公布数据整理。

从出口产品来看，中国苹果草甘膦残留限量标准比美国和欧盟都宽松，柑橘草甘膦残留限量标准与美国和欧盟一致，茶叶草甘膦残留限量标准与美国一致、较欧盟严格，CAC在苹果、柑橘、茶叶领域暂无标准。

从进口产品来看，中国玉米草甘膦残留限量标准与欧盟一致、较CAC和美国严格，大豆草甘膦残留限量标准尚未给出，高粱、大麦草甘膦残留限量标准严于CAC、欧盟和美国。

二、草甘膦残留限量标准变化对我国农产品贸易影响

本研究仿照压力测试的方式探讨草甘膦残留限量标准变化对我国农产品贸易影响，分别分析短期内全球草甘膦残留限量标准提高到欧盟水平、全球完全禁用草甘膦，以及长期内选择草甘膦替代除草剂三种情况下我国农产品贸易受到的影响。

（一）全球草甘膦残留限量标准提升对我国农产品贸易的影响

当全球草甘膦残留限量标准向欧盟看齐时，中国出口苹果会受到不利影响。欧盟对苹果、大豆的草甘膦残留限量标准比中国更加严格（中国大豆暂无标准），柑橘、玉米的标准与中国持平，茶叶、高粱和大麦的标准均比中国宽松。

从出口来看，我国苹果产品（包括鲜苹果、苹果汁和苹果干）近三年平均出口额为20.19亿美元，但对欧盟出口平均只有0.46亿美元，占我国苹果三年平均出口额的2.27%。相关研究显示，我国苹果产品出口欧盟价格竞争力较强，但质量竞争力不足，在欧盟严格的农残限量标准下较为弱势。当前中国苹果主要出口目标市场是印度尼西亚、越南、菲律宾、泰国和俄罗斯等国家，其苹果草甘膦残留限量标准大都低于欧盟。当这些国家地区的草甘膦限量标准向欧盟看齐时，我国苹果产品出口将受到一定程度影响。

从进口来看，巴西、美国、阿根廷作为我国主要农产品进口来源国都是草甘膦使用大户。以美国为例，美国在大豆、玉米、高粱、大麦这几类农产品的生产过程中惯例使用草甘膦（其中大豆、玉米的抗草甘膦转基因品种在美国已形成规模化种植），用量占到美国草甘膦使用总量的60%左右，其中仅大豆的用量就占三成以上（表2）。然而近三年美国向欧盟年均出口大豆23.75亿美元、玉米2.26亿美元、高粱0.35亿美元、大麦21.58万美元，且出口量还呈增长态势，特别是大豆年均出口量达600万吨，占欧盟大豆总进口量的41.41%。可见，尽管目前欧盟大豆草甘膦残留限量标准严于美国和我国，但其对美国大豆产品出口欧盟无太大影响，因为美国相关农产品中草甘膦实际残留量很低；巴西每年也向欧盟出口500万吨左右的大豆，情况与美国类似。因此，即使中国将大豆草甘膦残留限量标准提升到与欧盟同水平，对大豆进口影响也有限。

表 2　2016 年美国农产品种植草甘膦投入金额

单位：百万美元、%

	大豆	玉米	谷物	总额
草甘膦投入金额	306.68	166.83	35.44	845.49
占比	36.27	19.73	4.19	

资料来源：《农药市场信息》2018 年 5 月。

（二）草甘膦在世界范围被完全禁用对我国农产品贸易的影响

当草甘膦在世界范围内被禁用时，中国出口农产品苹果、柑橘和茶叶以及进口农产品大豆、玉米、大麦和高粱会受到不利影响。

从出口层面来看，当草甘膦被完全禁用时，我国使用草甘膦的出口农产品苹果、柑橘和茶叶都将会受到冲击。苹果产品（包括鲜苹果、苹果汁和苹果干）近三年平均出口额为 20.19 亿美元，柑橘产品（包括鲜柑橘、柑橘汁、柑橘罐头、柑橘加工品）近三年平均出口额为 15.75 亿美元，各类茶叶近三年平均出口额为 17.51 亿美元，受影响农产品出口总额约 53.45 亿美元。

从进口层面来看，草甘膦完全禁用将影响我国大豆、玉米、大麦和高粱的进口，其中大豆、玉米、大麦和高粱近三年平均进口额分别为 373.03 亿美元、6.77 亿美元、15.50 亿美元和 11.04 亿美元，受影响农产品进口总额约406.34 亿美元，以大豆为主。按 2018 年的数据来看，我国大豆的产需缺口为8 720 万吨，主要进口来源地便是使用草甘膦的美洲地区，没有其他地区能够在短期内提供等量替代。

（三）选择替代除草剂的可能性和成本

长远看，使用替代除草剂可以在一定程度上缓解全球草甘膦禁限用对我国水果、茶叶出口的冲击，但大豆和谷物等进口困境由于品种成本问题将难以快速破解。使用替代除草剂为应对草甘膦危机的主要措施，目前最为常见的替代产品为草铵膦，但其价格较高，提升了使用成本，生产工艺较难，限制产能快速扩张，目前只能满足经济价值较高的经济作物施用，难以在大田作物中广泛使用。同时，大田作物如大豆、玉米等需专门研发抗性作物以配合除草剂的使用，进一步增加了选择替代除草剂的成本。

从出口来看，如果我国农产品因出口市场草甘膦禁用或者提高残留限量标准而受到影响，就需要使用替代除草剂。目前草甘膦亩均成本为 5～10 元，草铵膦亩均成本为 10～15 元，如果将草铵膦作为草甘膦的替代使用，亩用除草剂成本约增加一倍。我们以亩均利润较少、对成本变化更敏感的苹果为例，计算使用替代除草剂带来的利润损失。据《全国农产品成本收益资料汇编》显示，2017 年，中国苹果亩均产量 2 108.66 千克，亩均收入 6 797.22 元，亩均成本 4 887.61 元（折合每千克成本 2.32 元），亩利润为 1 909.61 元。如果亩均除草剂成本增加 10 元左右，每千克成本增加 0.005 元，对于整个产业成本的影响较小。从这个测算结果看，以我国苹果产业为代表，出口农产品只需按照出口市场的要求合理使用草铵膦，便可较好地避免草甘膦限量对我国出口的影响。

从进口来看，美国等我国农产品进口来源国已经意识到草甘膦在全球面临的压力，开始寻找替代产品，如草铵膦。然而不同于果园、茶树，大田作物对除草剂更为敏感，我国进口大豆、玉米等农产品在国外的主要种植品种多为专门针对草甘膦研发的抗性作物，如果放弃草甘膦将导致主栽品种被同步更换，其增加的成本巨大，远不止除草剂本身。早在 2017 年，阿根廷免耕农协会（Aapresid）主席就曾指出，如果欧盟禁用草甘膦，阿根廷将蒙受 168 亿美元的损失。因此，相关问题比较复杂，有待进一步分析。

从替代除草剂的产业规模来看，草铵膦作为当前草甘膦的主要替代产品，2016 年销售额 5.02 亿美元，产量约 1.28 万吨，其中我国产量 0.78 万吨。从应用领域来看，油菜和水果是草铵膦主要的应用作物，施用量分别达 4 715 吨和 2 887 吨，合计占比约 59.39%。相对于草甘膦而言，草铵膦的产业规模较小，目前多用于水果等经济价值较高的经济作物，其产能还无法满足全球范围内大田作物的大规模施用，并且草铵膦生产工艺较难，短时间内产能难以大量提升。

三、对贸易影响的整体结论和建议

草甘膦作为一种广泛使用的除草剂，其致癌争议引发全球范围的残留限量标准提高甚至禁用。短期内如果全球草甘膦残留限量标准被提升到欧盟水平，我国苹果等产品出口将受到影响，而草甘膦被全球禁用将对我国水果、茶叶的出口和大豆、谷物的进口产生不利影响。长期看草铵膦等替代除草剂的使用可以在一定程度上缓解全球草甘膦禁限用对我国出口的冲击，但大豆和谷物等进口困境由于品种成本问题将难以快速破解。为此，基于草甘膦当前形势提出如下建议。

（一）整体而言不宜主动禁用草甘膦

中国是草甘膦生产大国，草甘膦在农作物中的使用也很广泛，如果提高或者禁用草甘膦，因在短期内很难找到合适的替代除草剂，加上转变生产模式的高成本，可能对谷物、水果和茶叶等作物生产带来影响。同时，因为中国最大宗的进口产品大豆、玉米的来源国均以种植抗草甘膦品种为主，如果禁用草甘膦，很难找到足够的进口替代来源。因此中国不宜主动禁用草甘膦或者大幅度提高残留限量。

（二）制定大豆产品草甘膦残留限量标准

由于中国没有种植抗草甘膦转基因大豆，目前中国尚未制定草甘膦在大豆中的残留限量标准。CAC 规定干大豆籽粒中草甘膦残留限量为 20 毫克/千克，全球膳食评估结果认为这个限量不会对公众健康造成危害，欧盟和日本等主要农产品贸易国家和地区都将草甘膦在大豆中的限量标准设定为 20 毫克/千克，中国可以借鉴。

（三）深入参与国际组织农药残留限量标准制定工作

国际社会和主要农产品进出口国对草甘膦等农药的态度和政策近年不断变更，不论是作为草甘膦生产和使用大国，还是作为全球最大农产品进口国和抗草甘膦大豆、玉米出口的主要市场之一，中国都需要全面深入参与 CAC、国际植保公约会议、世贸组织 SPS 委员会工作，及时跟踪和捕捉有关动态，了解最新研究进展，同时在有关规则制定过程中维护自己的立场和国内产业利益。

（四）及时向企业提供相关出口壁垒预警信息

全球禁用草甘膦的国家不断增加，其中不乏中国水果和茶叶出口主要市场。建议建立稳定和完善的农产品技术性贸易措施监测平台，随时掌握我国农产品出口市场有关政策和措施变化，在此基础上向国内产业和企业提供实时预警信息和政策咨询公共服务。同时，要通过多双边农产品技术性壁垒磋商有力应对国外不合理的技术标准和措施，维护出口企业合法权益。

（五）未雨绸缪研究替代方案

随着对草甘膦的质疑声不断，各国限量标准和使用范围规定越来越严苛，禁用草甘膦的 WTO 成员也越来越多。为了维护我国农产品出口市场和出口利益，有关部门应积极研究、完善和推广草甘膦除草剂替代方案。因成本和产能问题，目前在玉米、大豆等大宗作物上使用替代除草剂相对困难，但在水果和茶叶等高附加值产品上应用草铵膦等替代产品是可行的。

（韩振国，2020 年第 6 期）

警惕食糖及糖浆进口激增
对国内产业的影响

2020 年 5 月 22 日，实施三年的食糖保障措施期满取消。食糖及糖浆①（食糖加水溶解成糖水）进口激增，2020 年食糖进口 527 万吨、糖浆进口 108 万吨，合计进口折糖近 600 万吨，创历史新高，同比增长 71%。"液态食糖"糖浆的大量进口引发关注，食糖进口向食糖变形产品或相关产品转移必将加剧进口糖对国内产业的影响。

一、食糖及糖浆进口激增，创历史新高

（一）食糖进口激增创历史新高

2011 年以来我国食糖进口快速增长，2015 年进口达历史峰值 484.6 万吨，糖浆及其他糖仅 15.8 万吨。2020 年食糖 527 万吨，糖浆 108 万吨（折食糖 72 万吨），合计折糖近 600 万吨，创历史新高。2020 年食糖进口主要源自巴西、古巴、韩国、萨尔瓦多、印度、阿联酋和泰国，进口量分别为 393 万吨、46 万吨、20 万吨、18 万吨、14 万吨、13 万吨和 12 万吨，其中自巴西进口增加 254 万吨，增长 1.8 倍。

（二）糖浆进口激增达百万吨以上

糖浆进口呈几何倍数增长。 我国糖浆以前进口量很少，2019 年以来进口激增问题凸显。2019 年进口量 16.7 万吨，2020 年达 108 万吨，是上年的 6.5 倍；特别是 9 月份以来，月进口量基本都在 10 万吨以上，激增态势明显。按照 67% 的含糖折算，2020 年糖浆进口相当于进口 72 万吨食糖。

糖浆进口来源以东盟国家为主。 主要来自泰国、越南、马来西亚、缅甸及印度尼西亚。2020 年自泰国进口糖浆占总进口的 46%，越南居第二为 26%，之后是马来西亚、缅甸和印度尼西亚，五国合计占比超过 92%。

---

① 本文所指糖浆对应海关编码 17029000，2021 年税则将 17029000 细分为 17029011、17029012、17029090 三个税目，"甘蔗糖或甜菜糖水溶液"海关编码为 17029011。

糖浆进口实际上就是食糖进口。糖浆原多为果葡糖浆和葡萄糖浆，单位价值高，进口量不大。但目前进口糖浆主要以白糖、粗糖为主要成分，基本可视为液态食糖。

二、食糖及糖浆进口激增的原因

（一）利润驱动是食糖和糖浆进口激增的直接原因

国内外食糖价差大。 2020 年国内食糖平均价格 5 400 元/吨，国际食糖平均价格 3 400 元/吨，内外价差 2 000 元左右/吨。在进口增加和保障措施取消共同作用下，食糖市场表现"外强内弱"。国内食糖价格由年初的 5 737 元/吨下降到年底的 5 201 元/吨，而年末国际市场价格基本回升到年初 3 700 元/吨水平。

糖浆进口利润空间大。 调研了解到，国内企业进口糖浆还原成白糖成本为 4 700～4 800 元/吨，而同期全国成品糖均价为 5 400 元/吨，价差平均在 700 元/吨左右；糖浆直接用于食品添加则利润在 1 000 元/吨以上。如果中国糖企直接在泰国和缅甸建厂溶糖再输入到国内，糖浆进口成本会更低，利润空间也会进一步增加。

糖浆进口管控难度大。 2018 年以来，海关开展"国门利剑"行动持续保持高压严打态势使走私进口食糖数量骤减。2019 年以固体甜品冲调粉、含葡萄糖预混粉、烘焙用预拌粉等形式出现的替代品进口增多，海关管控后开始转向糖浆进口。

（二）贸易政策是糖浆进口激增的主要原因

与实施关税配额的食糖相比，糖浆进口更为低税便捷。 我国食糖进口实行关税配额管理，配额量 194.5 万吨，配额内关税 15％，配额外关税 50％。为减缓食糖大量进口对国内产业造成的严重损害，2017 年 5 月 22 日起我国对进口食糖实施为期三年的全球保障措施，对关税配额外的食糖进口分别加征 45％、40％和 35％的附加关税。而进口糖浆不仅关税低（WTO 最惠国税率为 30％，自贸区伙伴多为零关税），还可规避食糖进口关税配额、进口许可、进口报告管理等政策约束，进口报关流程简单便捷。

自贸区优惠关税政策是糖浆大量进口的主要动力。 2020 年，自贸区伙伴中，自东盟、澳大利亚、新加坡、智利、哥斯达黎加、冰岛、中国香港和中国澳门进口糖浆实施零关税，秘鲁和瑞士分别为 10.6％和 15.6％（逐年递减）。由于泰国等东盟国家是食糖生产和出口大国，在中国—东盟自贸协定免税政策驱动下，糖浆进口快速增加。

三、食糖及糖浆大量进口对国内食糖产业的影响

我国食糖产业涉及 4 000 万老少边穷地区农民、40 万糖企工人和 40 万食糖经销人员的生计和就业。食糖保障措施为广西等主产区糖农及国产糖加工企业转型发展赢得了宝贵的"保护期"，食糖种植、加工、流通等整个产业扭转了连续多年亏损的局面。2020 年，新冠疫情影响下游用糖消费，食糖和糖浆大量进口使得本来脆弱的食糖产业"雪上加霜"，通过糖价传导影响糖农和制糖企业收益。

（一）食糖及糖浆进口已远超产需缺口

2019—2020 年我国食糖产量均保持 1 050 万吨左右的正常水平，产需缺口300 万～400 万吨。2020 年食糖及糖浆进口合计折食糖达 600 万吨，较历史峰值 2015 年多 110 万吨，超出正常产需缺口 200 万吨以上。其中，糖浆进口折糖占食糖进口量的 12%，成为影响食糖供需平衡的重要因素。随着食糖保障措施到期取消，糖浆进口加剧了进口糖对国内产业的影响，使广西等主产区糖农生计和糖厂经营面临巨大挑战。

（二）糖农种植收益下滑压力加大

以广西为例，连续两年受异常天气影响严重，其中 2019 年旱情影响全区甘蔗单产下降 11%，2020 年 7 月广西崇左地区又遭受严重旱灾，加之受疫情影响砍蔗人工费用上涨，2020/2021 榨季预计甘蔗每亩净利润为 233 元，较上年下降 27.9%。

（三）大部分糖厂将陷入亏损状态

截至 2020 年 12 月底，重点企业成品白糖累计平均每吨售价 5 201 元，比上榨季下降 463 元，降幅为 8.2%。由于受灾情影响甘蔗含糖率低，本榨季制糖成本将高于上年，每吨涨幅在 300 元以上。新糖现货价格如低于 5 800 元/吨则大部分糖厂将处于亏损状态。进口糖和糖浆的增加进一步打压了国内糖价，不少糖厂寄希望于国家加强进口管控以保护国内糖业利益。

（四）销糖率下滑库存高企

2020/2021 榨季，受食糖和糖浆大量进口影响，销糖量和销糖率明显下

滑。截至 2020 年 12 月底，全国累计产糖 353.4 万吨，比上榨季同期的 379.7 万吨减少 26.3 万吨；全国累计销糖 147.1 万吨，比上榨季同期下降 25.5%；累计销糖率 41.6%，比上榨季同期下降 10 个百分点，低于五年平均水平 7 个百分点。截至 2020 年 12 月底，新增工业库存 206.2 万吨，同比增加 13.4%，总库存同比增加 17%，创 2016 年以来新高；国储库存仍保持 690 万吨高位。

四、对策建议

糖业作为边疆少数民族"长效脱贫"产业，在"十四五"期间对于保障重要农副产品有效供给、巩固拓展脱贫攻坚成果同乡村振兴有效衔接仍将发挥极为重要作用。应按照"保供固安全、振兴畅循环"的定位和思路，制定和落实食糖保供方案，着力解决优良品种、高标准农田建设和农机等问题，通过适当进口调剂余缺，实现糖业健康高质量发展。

（一）抓好自育优新品种选育和推广

加强高产高糖多抗及适宜机械作业的国产甘蔗自育品种选育，加快优新品种更新换代和区域布局，加强良种繁育基地建设，大力推广甘蔗脱毒健康种苗。2020 年广西对新种植脱毒健康种苗农户每亩补助 350 元，糖厂对改种新种农户也有不同程度补贴，均对甘蔗种植面积增加起到一定作用。加强北方甜菜自育新品种选育和国外优良品种引育，加强甜菜种子加工分级与丸粒化包衣技术研发与推广，大力推进国产自育优良品种生产应用。

（二）抓好高标准农田建设

甘蔗主产区广西在《农业综合开发高标准农田建设实施规划（2013—2020年）》《糖料蔗生产保护区非"双高"基地蔗区高标准农田建设实施方案（2019—2023 年）》等政策支持下，已完成 500 万亩"双高"基地建设。由于该区甘蔗地块小、坡地多、石块多、收割机械率低，抓好高标准农田建设仍是糖业生产节本增效、转型升级和高质量发展的重要基础。

（三）加快示范和推广糖料生产全程机械化技术

技术不过关导致甘蔗收割损耗和杂质多，农户和糖厂均不愿接受。要集成示范适宜不同蔗区条件的农机农艺融合技术模式，打造全程机械化示范基地，着力提高生产机械化尤其是机收水平；同时大力推广化肥农药减施、"水肥药"精准施用、病虫害绿色高效防控等高效栽培技术，提高糖料产量和品质。

（四）加强食糖及关联产品进口监测调控

食糖是我国产不足需的大宗农产品，自给率在80％左右。食糖变形产品大量进口已引起国家重视，"甘蔗糖或甜菜糖水溶液"在2021年进出口税则中予以单列，为加强进口管控做好准备。要继续用好两个市场两种资源，通过适当进口调剂余缺来保障国内有效供给。应以全球视野和双循环视角加强国际国内食糖供需形势监测与食糖及关联产品进口跟踪监测，加强与海关、财政、商务等部门合作，及时采取切实可行的调控手段，防止无序过度进口对国内产业的冲击。

（刘晓雪、吕向东、杨静、柳苏芸，2021年第1期）

台风对黑龙江粮食产量影响不大

2020年9月7—11日，贸促中心调研组赴黑龙江开展玉米和大豆专题调研，实地走访了哈尔滨、大庆、齐齐哈尔、黑河、伊春、鹤岗、佳木斯、双鸭山等县市，了解玉米、大豆生产情况及近期三次台风的影响。

一、补贴政策效果显著，大豆种植比例提升

黑龙江是全国大豆种植第一大省，约占全国大豆播种面积和产量的一半。近两年来，国家为鼓励农户种植大豆，大幅提升大豆补贴、降低玉米补贴，2018年和2019年黑龙江每亩大豆补贴分别比玉米高出295元和225元。农民改种大豆比例迅速上升，大豆种植面积不断扩大，2019年全省大豆播种面积428万公顷，约占全国大豆播种面积的45.9%，增加近5万公顷，占全国大豆种植面积增量的77.3%。调研组所到萝北、富锦、克山、五大连池太平乡四县乡，大豆与玉米种植比例由往年的2∶8、4∶6、5∶5、5∶5提高到今年的5∶5、7∶3、6∶4、7∶3。

二、台风致部分地区玉米受灾，对大豆影响不大

局部地区玉米大面积倒伏，但对总体产量影响有限。目前黑龙江玉米除绥化、大庆的三肇地区（肇东、肇州、肇源）还在乳熟期，其余地区基本进入蜡熟期，总体上台风对玉米产量影响不会太大，只是增加收割难度和收割成本，倒伏将导致收割损失、霉变。罕见的台风三连击势必对农作物生长产生不利影响，当地玉米、大豆、水稻都有不同程度倒伏、积水，但对各地影响程度不一，受灾情况也不同。黑龙江西部地区如三肇地区受灾较重，部分地块玉米出现大面积倒伏，据受访对象介绍预计减产10%～20%。东部地区如佳木斯、双鸭山倒伏比例相对较小，主要问题是积水较多。调研组在样本地块测定玉米理论亩产，七台河地区理论产量为551千克，绥化地区理论产量为703千克。如果不考虑台风影响，这个产量还算是丰收产量。但由于台风导致部分地区玉米容重降低及收割损失等，实际产量可能要低于理论产量。

大豆倒伏较少，少部分低洼田地出现积水。黑龙江北部主产区大豆倒伏并不多见，只有极少部分低洼田地出现积水。目前该地区大豆籽粒饱满，结荚鼓粒都已完成，受台风影响较小。东部地区如佳木斯市富锦市、双鸭山市友谊县大豆倒伏也不多见，但积水较多，尤其是富锦市调研地块垄间常见积水，部分淹没大豆根颈。积水将造成青豆增多，影响产量。但整体看，增加的种植面积或可抵消产量的减少，受访对象介绍产量不会低于上年。值得关注的是，由于台风影响，部分地区大豆收割日期推迟，收割成本将增加。正常情况下大豆最早在9月20日前后开始收割，台风造成的田地积水将使收割推迟5～7日。在倒伏区域，收割机无法按照正常速度运行，耗油量增加，预计整体收割费用上升。

三、疫情和风灾使粮食供给不确定性增加，新季玉米和大豆价格将继续高位运行

据当地粮食收购商介绍，以往大部分农户售粮习惯都是粮食收下来就卖，不会囤粮。2019年农户售粮普遍较早，大豆平均销价每斤*仅1.6～1.7元，后期价格涨至每斤2元多时农户已基本售完，涨价红利多被收购商赚取。2020年国外疫情仍未得到有效控制，台风灾害导致减产预期，市场普遍看好后续玉米和大豆行情，农户可能一改往年售粮习惯而囤粮待价而沽。流通市场粮食收购商已提前做好准备纷纷扩大仓容，如鹤岗有玉米收购商将目前3 000吨库容提至上万吨；五大连池一大豆收购点原库容量800吨，2020年则有2个库容各1 200吨的仓库在建。大部分受访对象都认为新粮上市时农民会捂粮惜售，加之2020年临储拍卖结束，多方因素综合导致抢粮现象大概率发生，助推玉米和大豆价格继续高位运行。

9月16日，富锦象屿新季玉米30水潮粮每吨开秤1 600元，上年是9月20日开秤1 220元，高开380元。由于中美第一阶段协议执行进度加快，1—8月我国自美采购玉米达1 098.8万吨。后期随着进口玉米大量上市，将有助于国内玉米市场价格趋稳。

四、农民种粮积极性不高，有关政策有待进一步完善

大豆种植收益全靠补贴。调研中，农户、种植合作社及粮食收购企业负责

---

* 斤为非法定计量单位，1斤＝500克，下同。

人均直言种地不挣钱，卖种子、化肥、农药等农资才赚钱。受访对象跟调研组算了笔账，1 亩大豆地租 500 元、种子 40 元、化肥农药 50 元、机耕 70 元、机收 20 元，成本合计 680 元；大豆收购价格按上年开秤价 1.7 元计算，亩产按最好年景 400 斤（一般也就 300 斤）计算，毛收入 680 元，收入仅能覆盖成本，农户只挣个补贴钱。特别是地租连年上涨，今年台风带来的收割难度加大还将进一步增加成本，如无补贴则种植大豆几无利润可言。

秸秆还田等政策有待完善。黑龙江全省玉米种植规模化程度各异，部分地区仍以散户为主。如大庆肇东种粮主体一半以上是人均耕地 20～30 亩的散户，种粮收益低导致散户种粮积极性不高，春天播种后即外出打工，田间管理跟不上且滥用化肥现象严重，导致产量年年下降。另据农户反映，秸秆还田还有进一步完善的空间。在肇东调研发现，每年 4 月下旬至 5 月上旬玉米开始集中播种，今年因为田里秸秆问题播种延长 10～20 天，成熟推后导致受台风影响较大。东北地区秋冬低温干燥，还田秸秆不易腐烂，深埋程度若达不到要求，来年播种时易上翻影响播种进度；秸秆如有病变则易生虫卵影响来年产量。因此，当地有农户宁愿冒违法风险也要趁夜偷烧秸秆。

（杨静、张明霞、郭浩成、孙玥，2020 年第 12 期）

中国水产品出口优势面临挑战

　　水产品是我国第一大出口优势农产品，占农产品出口总额约30%，并长期具有明显顺差优势。近年水产品出口增速放缓，尤其是在中美贸易摩擦和新冠肺炎疫情的叠加影响下，出口大幅下降；同时，受国内动物蛋白消费需求增长驱动，水产品进口连年快速增加，出口优势难以持续，贸易顺差急剧缩窄，水产品贸易或将出现逆差。

一、出口增长平缓并现回落

（一）出口总体增速明显放缓

　　入世以来，我国水产品出口整体保持增长态势。2001—2019年，出口额由41.8亿美元增至206.6亿美元，出口量由205.4万吨增至426.9万吨。从出口额增速看，2001—2011年为高速增长期，年均增速达14.8%；2012—2019年增速明显变缓，年均增长仅为1.2%（图1）。

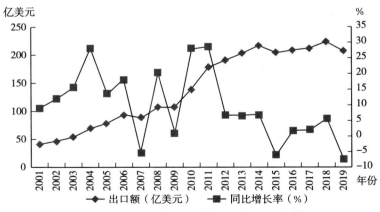

图1　2001—2019年中国水产品出口额增长情况

数据来源：中国海关。

　　2019年，水产品出口大幅下降，出口额206.6亿美元，同比下降7.5%，为入世以来最大降幅；出口量426.8万吨，下降1.4%。出口产品以鱼类、虾类、墨鱿鱼、章鱼及贝类为主，合计占水产品出口总额和出口总量的 93.3％ 和 95.1％，其中虾类产品降幅最为明显（表 1）。

<h3>表 1　2019 年中国水产品大类出口</h3>

单位：万吨、亿美元、％

产　　品	出口量	同比增减	出口额	同比增减
鱼类	313.7	−1.0	124.2	−0.1
加工鱼类	97.5	6.5	44.9	0.8
鲜冷冻鱼类	206.9	−1.0	73.1	−2.5
贝类及软体动物	74.1	−6.1	48.4	−8.0
墨鱼及鱿鱼	47.3	−6.9	31.3	−4.6
虾类	18.1	−20.8	20.1	−23.3
对虾	8.9	−26.5	10.1	−26.9
螃蟹	5.9	−19.2	6.3	−38.9
饲料用鱼粉	0.0	10.0	0.0	37.7
珍珠	0.0	−66.3	0.4	−34.3
水生植物	7.9	0.3	4.5	−14.1
哺乳及爬行动物	0.1	41.1	0.1	28.6
其他水产品	7.0	14.3	2.7	4.9

数据来源：中国海关。

（二）出口市场格局稳中有变

自 2015 年起，我国水产品出口前四大市场分别为日本、美国、东盟和欧盟，合计出口额占水产品出口总额一半以上，总体保持稳定。2019 年，受中美贸易摩擦影响，水产品对美出口额 25 亿美元，出口量 45.7 万吨，同比分别下降 27.1％和 18.7％，美国在我国水产品出口市场排名由第二位降至第四位（表 2）。

<h3>表 2　2015—2019 年中国水产品主要出口市场</h3>

单位：亿美元

国家（地区）	2015 年	2016 年	2017 年	2018 年	2019 年
日　本	36.4	37.0	38.5	40.5	39.4
美　国	32.0	30.4	32.2	34.3	25.0
东　盟	27.7	28.1	27.3	27.7	29.3
欧　盟	22.1	23.2	23.7	25.3	26.7

数据来源：中国海关。

2018 年 9 月美国对绝大部分中国水产品加征 10％进口关税，2019 年 5 月加征税率上调至 25％。虽后续逐步排除部分产品，但谈判进展曲折反复，严重干扰了贸易秩序和市场信心，导致水产品对美出口全线下滑，罗非鱼、鳕鱼、墨鱿鱼及对虾产品降幅明显（表 3）。

表 3　2017—2019 中国对美出口水产品主要品种

单位：万吨、亿美元

产　　品	出口量			出口额		
	2017 年	2018 年	2019 年	2017 年	2018 年	2019 年
水产品合计	55.4	56.2	45.7	32.2	34.3	25.0
罗非鱼	13.5	13.5	12.8	4.6	4.5	4.0
鳕　鱼	10.5	9.5	9.0	4.6	4.9	4.6
墨鱼及鱿鱼	5.0	5.1	4.2	3.7	3.5	2.9
对　虾	3.6	3.5	1.8	3.5	3.2	1.4

数据来源：中国海关。

（三）出口贸易环境愈加艰难

近年来，印度、越南、厄瓜多尔等国加大水产加工和出口促进力度，在同类市场上挤压了我国水产品出口市场。世贸组织渔业补贴谈判重启，也将对水产品出口提出更高要求。2020 年，受新冠肺炎疫情影响，全球餐饮消费市场严重萎缩，国际货运体系大面积停摆，给全球水产贸易带来重创；欧美水产业因获得本国产业保护和支持而增强竞争力，疫情后国际市场消费观念和模式变革等，特别是美国的排华贸易政策愈演愈烈，使我国水产品出口面临的贸易环境愈加艰难。

（四）出口贸易主体生存面临更大压力

从经营主体来看，国内劳动力成本不断上升，经营环保要求日益提高，原料依赖进口等内在因素使水产品出口企业国际竞争力持续减弱。中美贸易争端导致水产品对美出口受阻，罗非鱼、对虾等重点产品出口价格大幅下跌，出口企业亏损严重。企业转内销则面临商超入场成本高、渠道运营复杂等困难，很难与快速增长的进口产品相匹敌。新冠疫情发生以来，订单锐减、运输困难、资金流动性降低，多数出口企业至今未能全面复工复产，面临巨大压力，亟需转型应对生存挑战。

二、进口连年增加势头迅猛

（一）进口持续快速增长

2015—2019 年，我国水产品进口量由 408.1 万吨增至 626.5 万吨，年均增长 7.9％；进口额由 89.8 亿美元增长至 187 亿美元。从进口产品看，虾类进口增长速度最快，特别是对虾，2019 年进口量 61.9 万吨，进口额 38.4 亿美元，分别比上年增长 227％和 290％，占虾类进口量和进口额的 80.4％和 64％。

（二）食用消费进口占比显著增加

按进口用途划分，2015—2019 年国内市场食用消费的进口量翻了两番，从 54.1 万吨增至 230.1 万吨（表 4），占水产品进口总量比例由 15％增至 37％；加工原料进口占比由 52％减至 34％，饲料原料和其他用途进口占比基本保持稳定（图 2）。

表 4　2015—2019 年国内市场食用消费水产品进口量

单位：万吨

产　品	2015 年	2016 年	2017 年	2018 年	2019 年
虾类	7.1	8.5	10.0	24.8	72.0
鱼类	26.9	31.8	41.1	69.8	111.9
鱼类（鲜冷冻）	24.6	28.7	36.1	64.2	102.8
鱼类（加工）	1.1	1.7	3.6	4.0	7.3
鱼类（活鱼）	1.2	1.4	1.4	1.5	1.8
贝类及软体动物	17.1	12.0	14.7	21.6	40.1
螃蟹	3.0	4.3	5.0	5.6	6.1
合计	54.1	56.6	70.8	121.7	230.1

数据来源：中国海关。

（三）进口来源地明显呈多元化态势

2019 年，水产品进口前十大来源地依次是俄罗斯、厄瓜多尔、秘鲁、印度、越南、加拿大、美国、印尼、智利和澳大利亚，进口量合计 451.4 万吨，占水产品进口总量的 72％；进口额合计 127.1 亿美元，占水产品进口总额的

68％。中国超大的消费市场备受全球关注，各国水产出口商都在积极拓展对华出口。

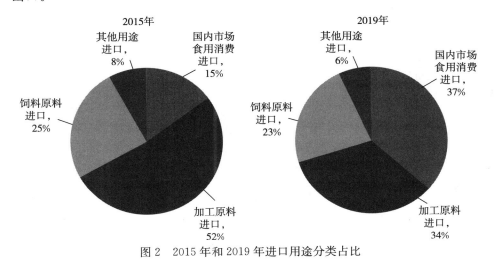

图 2　2015 年和 2019 年进口用途分类占比

数据来源：中国海关。

（四）国内消费需求等因素驱动进口激增

国内市场对动物蛋白的消费需求升级，质优价高的进口水产品受到百姓青睐。据联合国粮农组织数据，美国、日本及欧洲发达国家水产品人均消费量21～25 千克，我国为 20.7 千克。随着消费者收入提高和营养意识增强，巨大的市场需求潜力成为驱动进口快速增长的主要动力。此外，国内主动扩大进口政策，降低进口关税，不断强化贸易便利化措施，猪肉价格上涨导致水产品替代消费增加，均对水产品进口起到了助推作用。

三、趋势判断

近年来，由于水产品进口激增，出口乏力，贸易顺差由 2015 年 113.4 亿美元骤降至 2019 年的 19.6 亿美元，为近二十年来最低（图 3），长期顺差局面或将出现拐点。

短期预判，一是进口有望较快回升。由于疫情发展阶段不同，加之防控措施效果各异，国内市场情况总体好于欧美市场。随着境内疫情好转、市场信心恢复，进口可快速回升；RCEP 谈判年内达成和中美第一阶段经贸协议实施，我国将进一步开放水产品市场，进口准入门槛也将进一步降低。二是出口形势不容乐观。我国水产品出口以加工产品为主，大部分依赖原料进口，产能恢复受国际市场消费萎缩和原料供应紧张双重制约；水产品出口环境恶化，不利因素增多。综合看，进口增长预期强于出口，2020 年水产品贸易出现逆差可能性增大（图 3）。

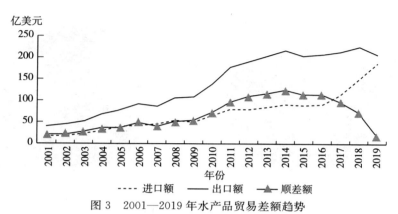

图 3　2001—2019 年水产品贸易差额趋势

数据来源：中国海关。

长期来看，国内动物蛋白供需缺口是决定水产品贸易流向的关键因素。一是海洋渔业资源总量管理制度落实将减少水产捕捞产量，养殖增产规模有限，国内水产品产量与超大市场消费需求的数量缺口难以弥合。二是国内供给的品种与消费者偏好的结构性缺口需要进口产品填补，如海捕鱼类和特定水域资源性产品等。三是肉类市场供需缺口持续拉大对水产品形成连带效应。2019 年国内猪肉价格居高不下，水产品进口市场准入低于肉类进口，替代消费增加，带动水产品进口增长。因此，未来一段时期内，国内动物蛋白供需缺口持续拉大导致进口增加，水产品进大于出的流向将是必然的，水产品贸易逆差或将成为常态。

四、建议

为积极应对新冠肺炎疫情冲击，认真贯彻落实中央做好"六稳""六保"工作部署，要积极谋求国内大循环为主体、国际国内双循环相互促进的渔业新发展格局，加快推动渔业转方式调结构。

（一）尽快制定并实施我国渔业贸易援助措施

贸易援助措施是欧美发达国家对因贸易自由化受损的产业给予支持保护的通常做法。新冠肺炎疫情暴发以来，美国、欧盟、澳大利亚、挪威、印度、厄瓜多尔等国（地区）相继采取措施，通过减免企业税负、提供免息信贷、政府直接采购、出口运输补贴、增加产业发展基金等方式支持本国水产品出口或产业转型升级。其中，欧盟向欧洲海洋渔业发展基金额外注资 5.6 亿美元，美国政府直接采购水产品 7 000 万美元，澳大利亚直补农水产品出口航空运输 7 600 万美元，加拿大设立 4 450 万美元海产品救助基金。建议在 WTO 规则允许条件下，政府投入基础援助资金，吸纳地方、商业等其他社会投资，建立国家渔业贸易投资发展基金，通过商业化管理和运作，引导支持农渔业冷链运输、市场拓展、加工技术升级和养殖品种研发等重点领域发展，培养具有国际竞争力的中小型农渔企业等，实质性解决农渔业发展资金不足、人才匮乏等短板问题，推动落实渔业转方式调结构。

（二）提升渔业在对外经贸领域中的话语权

随着国内外市场联结愈加紧密，相互影响日益加深，中国的消费市场被全球盯紧，国内产业发展不可能摆脱国际环境影响独善其身。中国渔业要提高国内外市场竞争力，更要主动适应形势，增强在国际经贸领域话语权。具体建议：一是加强多双边国际渔业谈判，建立产业利益代表企业库，建设熟悉国内外渔业贸易规则的谈判团队，结合我国水产贸易实际，在国际渔业贸易谈判中制定有利贸易规则和条件。二是充分发挥农业农村部在稳产保供中的职能作用，与商务、财政、海关等部门建立农渔产品贸易会商制度，提高水产品在产业和贸易政策上的协同性。三是加强渔业对外经贸交流，充分利用境内外渔业展会提升"中国渔业"品牌形象和影响力，促进政策互惠互利。

（三）推动农水产品电子商务直销试点

新冠疫情暴发对全球农水产品供给消费传统模式提出巨大挑战，电子商务供销模式逆势上扬，成为全球水产贸易领域新的增长点。在国内，电商在疫情防控期间为保障供给发挥了重要作用，是农民增收的创新手段，也是国内供销流通模式发展的形势所趋。建议借力阿里巴巴、京东等成熟电商运营模式，扩大各省农水产品电商试点，打通生产、分配、流通、消费各环节，整合形成全国范围循环流通的农水产品专门电商网络平台；研究水产品跨境电商实施，结合青岛自贸试验片区的东北亚水产品加工及贸易中心和广东农业自贸试验区内现代渔港群项目，开展水产品跨境电商平台试点；探索水产贸易大数据技术应用，利用中国国际渔业博览会、世界电子贸易平台（eWTP）等助力水产品出口。

（张雪春，2020 年第 7 期）

国 际 农 业

发展中成员反对美国 WTO 改革方案

2020 年 8 月 20 日，美国贸易代表莱特希泽发布了对世贸组织（WTO）改革的五点建议。9 月初，中国驻 WTO 大使张向晨、印度驻 WTO 大使布拉詹德拉·纳夫尼特（Brajendra Navnit）、牙买加驻 WTO 大使谢丽尔·斯宾塞（Cheryl K. Spencer）和南非驻 WTO 大使索瓦·穆兰彼得（Xolewa Mlumbi-Peter）及前贸易部长罗布·戴维斯（Rob Davies）在南方中心组织的研讨会上，对美国提出的改革建议提出批评，认为发达成员的改革方案是对多年多边谈判结果，特别是对乌拉圭回合达成的马拉喀什建立 WTO 协定以及 WTO 基本原则的破坏和颠覆，是扭曲和不平衡的改革方案。中国、印度、牙买加和南非等成员达成共识，坚持维护发展中国家地位和政策空间。

一、美国对 WTO 改革的五点建议

（一）关税税率

建立一套适用于几乎所有国家的基准关税，仅极少数国家除外。关税基准税率基于工业化国家的平均关税，成员在解决自身政治敏感问题上可以有所偏差。

（二）自由贸易协定

结束自贸协定的跑马圈地。除促进相邻国家之间的区域贸易一体化协定（如欧盟内部贸易协议）或美国—墨西哥—加拿大协定外，WTO 成员应相互给予真正无条件的最惠国待遇。

（三）特殊差别待遇

经济大国或先进经济体不应享受特殊差别待遇。中国和印度等应遵循约束美国、欧盟和日本的相同规则。

（四）非市场经济行为

WTO 新规则应制止中国国家资本主义对全球经济造成的扭曲。非市场经济行为阻碍了全球工人与企业的发展，严重打击公众对国际贸易体系的信心。

（五）争端解决机制

重新考虑 WTO 争端解决机制。当前的专家组和上诉机构的两级审理模式应被类似于商业仲裁的单阶段程序取代，上诉机构不设常任法官以便更迅速地解决争端。专家组裁决只适用于争端双方而不应改为不断演变的自由贸易判例体系的一部分。与其败诉一方把案件推进到上诉机构重审，不如允许成员在特殊情况下搁置错误的专家组意见。

二、发展中成员对 WTO 改革的主要观点

（一）中国的观点主张

张向晨大使在研讨会上就美国 WTO 改革方案发表了评论，并阐述了中国在 WTO 改革问题上的立场和主张。

1. 关税税率。 在 WTO 框架下，各成员遵循的是通过互换互让（give and take）谈判来相互开放市场。美国提出的关税税率改革建议不仅无视以往的谈判成果，同时违背 WTO "非完全互惠"（less than full reciprocity）的原则。一国采用何种关税政策是由该国经济发展水平、产业机构状况、国际贸易收支情况及国际经济竞争能力等多种因素决定的。美国提出统一基准关税的建议完全未考虑各成员之间发展水平的不同，特别是发达成员与发展中成员和最不发达成员之间的巨大差异。对于发展中成员和最不发达成员来说，关税等一系列市场准入措施是实现工业化的重要政策工具。

2. 发展中国家地位和特殊差别待遇。 针对美国否定中国、印度等国发展中成员地位或享受特殊差别待遇资格的观点，张大使表示发达成员和发展中成员的界定并没有国际公认的标准，美国这种分裂发展中成员的做法不仅是针对中国、印度、南非，而是需要全体发展中成员团结起来共同应对的系统性问题。在改革方案中，发展中成员必须确保特殊差别待遇精准、有效和可操作。

关于美、欧、日等发达成员加严产业补贴纪律的主张，张大使指出，发达成员在工业化过程中已享受了大量补贴，如今又试图通过改革建议遏制发展中成员发展来巩固其原有供应链。发展中成员必须团结起来对其企图予以坚决抵制维护合理的政策空间，推进自己的改革方案以纠正现有规则的不平衡，捍卫自身的合法权益。这些改革倡议包括，发达成员取消综合支持量（AMS）补贴空间；渔业补贴中特殊差别待遇应受到保护并为渔业补贴设置专门的"绿箱"；在棉花议题上取得成果；支持《关于投资便利化诸边成果的联合声明》等。

3. 争端解决机制。美国建议将使 WTO 争端解决机制从处理成员间的贸易争端转变为处理投资者与国家间的贸易争端，使得美国资本能够利用 WTO 平台获得更大利益。[①] 因此中国建议恢复原有争端解决机制，保持专家组和上诉机构两级审理模式，所有 WTO 成员均应服从 WTO 的审理结果。目前已有 121 个成员呼吁重启 WTO 争端解决机制的上诉机构法官遴选程序，补齐上诉机构 6 名法官，恢复争端解决机制的合理运行。

（二）其他成员的改革建议

印度指出，发展中成员不能仅仅被动回应发达成员的改革建议，而应积极推进维护发展中成员利益的改革方案。新冠疫情后可能会出现的非关税壁垒和国际收支等问题须纳入发展中成员改革提议中。

牙买加表示，多哈议程中的发展部分以及发展导向的建议必须处于改革的核心，呼吁建立强有力的两级审理争端解决机制，并警告诸边主义泛滥将导致多边体系瓦解。

南非指出，美国的改革建议将加深成员之间的发展不平衡，剥夺发展中成员的政策空间，将发展中成员逐渐边缘化。作为发展中成员，希望在推动 WTO 发展和包容的改革同时，关注新冠疫情对贸易的影响，保留特殊差别待遇，并推进 G90 提出的 10 项关于促进公共卫生、加速工业化和解决国际收支问题等方面的建议。特别强调，发展中成员必须坚决抵制发达成员的旨在削弱发展中成员向更高价值生产进行转型升级能力的改革建议，指出发展中成员需要培育幼稚产业的政策空间，尤其数字产业需要政策工具来发展数字技术和基

---

① 根据目前世贸组织规定，只有世贸组织成员政府才有资格将互相之间的贸易争端提交争端解决机制处理。美国自 1994 年起就向世贸组织提起争端解决机制向私人开放使得世贸组织能够处理投资者主要是跨国公司与国家之间的贸易争端的建议，但一直未被 WTO 总理事会采纳。因此一直以来资本遍布世界的发达成员与开放资本进入的发展中成员在此问题上分歧较大。

础设施建设，并制定规则防止技术垄断和滥用数据主权。中美经贸摩擦反映出美国垄断技术和遏制中国竞争力挑战的意图。美国打压华为等举动说明中国不会是唯一的目标，其他主要发展中成员将会面临相同命运。应高度关注美欧日倡导和推进的强化关于国有企业、产业补贴及知识产权等方面纪律的建议。

三、启示和建议

近年来世界经济深刻调整，全球化遭遇波折，同时 WTO 规则体系的内在缺陷逐步显现，WTO 多哈回合谈判久拖不决，而反映国际经贸新趋势的电子商务、投资等新议题又难以得到处理，现有规则的不平衡饱受争议，多边贸易体制的权威性和有效性受到严峻挑战，WTO 改革势在必行。

对于发展中成员来说，WTO 改革的重点是解决其规则中存在的不公平问题，主要表现在规则中存在的有利于发达成员、不利于发展中成员发展的内容，即发展赤字，这在农业规则中尤为突出，因此农业是广大发展中成员 WTO 改革诉求中的重要领域。就我国而言，解决农业领域规则不公平问题既是争取我国农业国内支持等重要议题实际利益的需要，也是呼应我国 WTO 改革主张、制衡美国等发达成员的重要手段。

推进 WTO 改革农业领域相关工作，应注意以下几点。

一是紧密团结广大发展中成员。高举发展大旗，坚决捍卫发展中成员的共同利益，坚决维护发展中成员的特殊差别待遇，坚决抵制发达成员阻挠发展中成员发展进程遏制其发展空间的图谋。

二是强调改革核心是解决 WTO 规则赤字和发展赤字，纠正现有规则的不公平和不平衡。在推动贸易自由化的同时，解决世界农产品贸易长期存在的不平衡现象，为发展中成员提供更多的市场准入机会，给予发展中成员切实有效的特殊差别待遇，以实现其发展关注。

三是强化基础研究。进一步细化和完善我国与印度在多哈谈判中提出的国内支持联合提案，为发展中成员的改革倡议夯实技术基础，为发展中成员在 WTO 改革领域有力发声创造技术条件。

（徐亦琦、秦天放，2020 年第 13 期）

贸易完全自由化对全球农业的影响

多边体系下，关税减让议题争议较大，矛盾较多，农产品关税减让各方难以达成一致。贸易便利化议题则得到各国广泛认同，2017 年生效的《贸易便利化协定》（TFA）是 1995 年 WTO 成立以来的首个多边贸易协定。美国农业部经济研究局运用全球经济模型，模拟了取消关税和全面实施贸易便利化协定对农产品贸易可能产生的影响。研究发现，二者均能推动贸易增长，但取消关税将加剧区域农业生产失衡，不利于农业基础竞争力弱的成员维护粮食安全；实施贸易便利化协定则更有利于促进发展中成员的农产品贸易。

一、农产品关税和非关税壁垒是影响全球农业贸易的关键因素

从关贸总协定（GATT）到世贸组织（WTO），多边贸易体系始终以贸易自由化为宗旨，期望通过实质性削减关税和其他贸易壁垒，消除歧视待遇，促进经济发展。由于农业本身的特殊性，各成员均注重保护农业和扶持农民，维护国内粮食安全。WTO 成员在农业政策问题上难以弥合分歧，农产品市场准入一直是多边谈判的核心议题之一。其中，征收农产品关税是最行之有效也是最受争议的贸易保护措施，与非农关税相比，各成员普遍对本国农产品设置更高关税，限制他国农产品进口。

新世纪以来，越来越多的成员更加频繁地使用非关税贸易壁垒限制农产品进口，其影响甚至超过了关税，因此贸易便利化议题引起了各方关注，相对来说也容易在成员间形成共识。2013 年在印度尼西亚巴厘岛召开的 WTO 第 9 届部长会上，各方对 TFA 达成一致，于 2017 年生效，由于其包含加快货物运输、放行和通关等内容，将有助于提高农产品贸易效率、降低贸易成本。

二、取消农产品关税有利于促进农产品贸易增长，但将加剧全球农业生产的区域失衡

当前各成员农产品关税普遍较高。WTO 在 2021 年的最新统计包含 133

个成员的关税数据，其中 120 个成员的农产品关税率高于非农产品关税率，占比超过 90%。挪威等 7 个成员农产品关税率比非农关税率高出 100 个百分点以上；韩国等 19 个成员的农产品关税率高出非农关税率 50～100 个百分点。从农产品平均关税率看，印度等 24 个成员超过 100%，全球平均数为 60%。主要进口成员关税率普遍很高，尼日利亚、印度、埃及、以色列和韩国农产品平均关税率分别为 150%、113.1%、91.2%、78% 和 61.5%，而中国仅为 15.2%，不仅低于主要进口成员，也远低于主要出口成员巴西的 35.6% 和阿根廷的 32.4%（表 1）。若全球范围内取消农产品关税，全球农产品贸易将显著增长，农业生产的区域不平衡加剧，农产品价格总体下降。

表 1　部分 WTO 成员农产品平均关税率

单位：%

成员	农产品关税率	成员	农产品关税率	成员	农产品关税率
尼日利亚	150.0	以色列	78.1	巴西	35.6
挪威	138.2	土耳其	61.8	阿根廷	32.4
冰岛	113.6	韩国	61.5	日本	17.8
印度	113.1	马来西亚	53.6	加拿大	15.3
缅甸	103.6	印尼	47.1	中国	15.2
科威特	100.0	墨西哥	45.0	欧盟	11.2
埃及	91.2	南非	39.0	美国	4.8

资料来源：WTO。

（一）全球农产品贸易额增一成，除欧盟外所有成员进出口均增长

若取消关税，全球农产品出口额将增长 11.1%。从出口看，除欧盟外所有成员出口均增长。由于欧盟对牛肉等肉类产品征收较高关税，取消关税后进口大幅增加导致其国内生产减少，农产品出口下降。印度、巴西、日本和中国等农产品出口增速预计达 35.7%、25.8%、23.6% 和 20.8%。从进口看，所有成员进口均增长，印度进口增幅最大。印度是农产品关税最高的成员之一，取消关税后其进口将增长 90.5%；其中，食糖、小麦、乳品等进口将大幅增长，分别增长 1.8 倍、1.6 倍和 1.2 倍。此外，日本大米和乳品分别增长 6.6 倍和 1 倍；俄罗斯牛肉和乳品分别增长 51.8% 和 33.9%；美国乳品和食糖分别增长 43.9% 和 22.3%。

（二）全球农业生产向优势地区转移，出口增长多的农产品价格上涨

若取消关税，全球农产品产量将下降 0.1%，但农业生产将逐渐转向资源

禀赋丰富的地区。大洋洲（澳大利亚、新西兰等）和农产品净出口成员[①]（马来西亚、乌克兰等）农产品产量将分别增长 10.4％和 7.6％。农业竞争力较弱的成员由于失去了关税保护，其生产将明显减少，农业就业减少，如日本和中国农产品产量分别下降 7.2％和 0.03％。取消关税将导致农产品总体市场价格下降，但部分产量和出口量增长较多的地区其农产品价格将有所上涨，如巴西和大洋洲农产品均价将增长 3.2％和 2.8％。

（三）全球农业福利预计增加 493 亿美元，欧盟、中国和印度等成员贸易条件恶化

福利包括分配效率、贸易条件和投资三方面。当关税取消，某地区的劳动力等资源将从低效部门转向高效部门，或某地区农产品的出口产品价格相对其进口产品价格有所增加，或某地区对外国投资的吸引力增强，则该地区将从关税取消中获得福利收益。若取消关税后，全球福利将增加 563 亿美元，其中农业福利为 493 亿美元。欧盟农业福利增加 140.3 亿美元，主要来自分配效率提高，其中分配效率增加 166.6 亿美元、贸易条件恶化导致损失 26.4 亿美元。巴西农业福利增加 40 亿美元，主要来自贸易增长，其中分配效率增加 9.7 亿美元、贸易条件增加 30 亿美元。中国农业福利增加 2.2 亿美元，其中分配效率增加 15.3 亿美元、贸易条件恶化导致损失 13.1 亿美元。中国大豆贸易条件恶化最为明显，世界油籽价格上涨 1.3％将使得大豆进口成本上涨，福利损失 5.8 亿美元。

三、贸易便利化将促进全球贸易发展，更有利于发展中国家降低贸易成本

贸易便利化是通过程序和手续的简化、适用法律和规定的协调、基础设施的标准化和改善等促进商品进出口。TFA 于 2017 年 2 月 22 日生效，目前 WTO 164 个成员中已有 154 个批准实施。截至 2022 年 2 月 22 日，各成员向 WTO 的通报显示，已有 74.3％的协定义务得到履行。若各成员完全实施 TFA 降低市场准入壁垒和贸易成本，发展中成员将由于流程简化和通关便捷等获得更大受益。

（一）全球农产品出口增长 7％，发展中成员贸易增长明显

贸易便利化程度提高将促进全球农产品贸易发展。从出口看，除阿根廷出

---

① 即以 2014 年贸易数据统计的前 20 个农产品净出口成员。

口略有下降外其他地区均增长。印度、印度尼西亚、中国、墨西哥和巴西农产品出口额将分别增长16.1%、14.3%、11.2%、8.5%和5.6%。大洋洲农产品出口额增长3.3%，其主要出口产品牛肉和乳品出口分别增长9%和12.8%。阿根廷农产品出口额下降2.2%，原因是仅部分畜产品出口增长，大多数农产品出口均下降，主要出口产品油籽、植物油和玉米分别下降6.3%、5.8%和4.7%。从进口看，多数地区增幅超过20%。完全实施TFA将导致日本关税水平最高的大米进口量增长40%。由于发达成员贸易更加畅通，TFA实施后，其贸易成本下降程度相对较低，农产品贸易预期增长也较小；发展中成员将从TFA实施中受益更多。

（二）全球农产品生产减少，市场价格下降

完全实施TFA后，通过贸易获得农产品更加便捷，全球农业生产规模总体下降，日本、俄罗斯和欧盟等16个成员降幅在1%~3%。中国农产品产量总体将下降1.1%，其中油籽、乳品、牛肉和小麦产量降幅分别达7.8%、5.1%、4.6%和1.9%。少数成员如巴西和印度尼西亚等农业生产规模将分别增长0.8%和0.7%。由于实施TFA降低了贸易成本，所有成员农产品市场价格均下降，降幅在1%左右，其中欧盟和中国农产品价格下降更为明显，分别为2.1%和1.3%。

（三）全球农业福利预计增加262亿美元，欧盟、中国和日本合计占全球农业福利的四分之三

完全实施TFA后，由于分配效率提高和国际贸易增长，全球福利预计将增加429亿美元，其中农业福利262亿美元，占61%。这低于取消关税后带来的农业福利493亿美元，表明取消关税能够比实施TFA产生更大的贸易增长。欧盟、中国和日本等成员将由于贸易便利化得到更多福利收益。其中，欧盟农业福利预计增加110亿美元，占全球农业福利的42%；中国增加54.8亿美元，占20.9%；日本增加30.5亿美元，占11.6%。

四、启示及建议

WTO成员相互取消全部农产品关税和全面实施TFA，有助于促进全球农产品贸易发展，带给全球更大福利，但这种福利分配并不均衡，必然加剧全球农业生产在区域间的失衡，因此这种完全自由化不仅当前实现不了，未来也不可能实现。农业作为国民经济的基础，具有特殊性和敏感性，由于WTO各成

员自身资源禀赋、所处发展阶段不同，许多成员均对农业高度保护，再加上当前的 WTO 农业规则存在巨大赤字，使得国际农产品市场高度扭曲。目前全球谷物贸易量约为产量的 15%，意味着全球粮食安全八成以上依赖自给。战争、疫情、极端天气以及地缘政治等经常导致出口国限制粮食出口，保障粮食安全始终是一个国家的头等大事。

（一）坚守底线，中国人的饭碗里主要装中国粮

一是严守 18 亿亩耕地红线，以"长牙齿"的硬举措确保耕地的数量、质量和用途。二是在落实藏粮于地、藏粮于技战略基础上，加快构建辅之以义、辅之以利的粮食安全保障机制，全面落实粮食安全党政同责，健全种粮农民收益保障机制，确保粮食产量稳定在 1.3 万亿斤以上。三是全方位、多途径开发食物资源，构建更高质量、更有效率、更可持续的粮食安全保障体系，以中国供给解决中国需求，以中国资源解决中国问题。

（二）合理保护、边境调控与国情农情相匹配

大国小农是我国国情农情的基本特征，农业基础竞争力不足，决定了必须对关系国计民生的农业产业进行必要的边境保护。一是在多双边谈判中，坚持敏感和重要农产品关税不削减或少削减，以必要门槛防范国际市场对国内产业的冲击。二是着力健全完善贸易救济制度，研究建立基于进口增幅和进口价格跌幅自动触发、公开透明的一般保障措施刚性启动机制。三是合理使用 SPS/TBT 措施，其标准要与国内农业产业发展阶段相适应，保护食品安全和生物安全。

（三）强化支持，建立健全开放型农业支持政策体系

一是支持对 WTO 进行必要改革，在谈判中争取有利于我国农业发展的支持空间，推动削减关于农业支持的规则赤字。二是在符合 WTO 规则的基础上，统筹使用好价格政策和补贴政策，加大农业基础设施建设和科技创新支持，在有效利用微量许可政策（"黄箱"政策）的同时，加大"绿箱""蓝箱"支持力度。三是强化制度创新，明确金融保险部门支持粮食生产的责任，着力解决当前农村金融信贷服务发展滞后的问题。

（刘武兵、杨静、刘丽佳、孙玥、吕刘，2022 年第 8 期）

美认为欧日自贸区威胁美国
全球贸易规则领导力

2020年6月26日，美国国会研究服务局发布《欧盟—日本自由贸易协定对美国贸易政策的影响》报告，对欧日自贸协定的关键条款及协定对美国贸易政策的影响进行了梳理分析。研究显示，欧盟和日本作为美国两大重要贸易伙伴，其达成的欧日自贸区不仅影响美国企业在这两大市场上的重要利益，而且影响美国与欧盟、日本各自双边谈判的优先重点议题；更重要的是协定塑造的标准会削弱美国对全球贸易体系的影响力，威胁美国制定全球贸易规则的领导力。

一、欧日自贸区是全球最大的全面高水平自贸区

2018年7月，欧盟和日本签署了双方历经5年18轮谈判达成的自由贸易协定，协定于2019年2月生效。协定双方贸易额占全球约40％，GDP占全球30％。欧日互为重要贸易投资伙伴，欧盟对日本货物贸易是逆差、服务贸易是顺差，是日本第三大贸易伙伴；日本是欧盟第六大贸易伙伴，近年双方在各自市场的贸易份额均有所下降。2019年欧盟对日出口750亿美元，进口823亿美元，逆差73亿美元。投资方面，欧盟是日本对外直接投资的重要目的地，占日本对外直接投资的四分之一，而欧盟直接投资在日份额则较小。

（一）欧日自贸协定货物贸易自由化水平分别达到99％和97％

欧盟和日本的平均关税尽管相对较低，但其自贸协定几乎取消了涵盖双边贸易的所有关税。欧盟和日本分别承诺在协定生效时对96％和86％的税目立即零关税，在协定全面实施后取消关税的税目分别高达99％和97％。日本对敏感产品（主要是农产品）关税将逐步降低或实施关税配额（TRQ），大米、海藻、鲸肉则被完全排除在降税清单之外。此外，双方非关税壁垒的减少也是以进一步扩大市场准入为目标。

（二）协定双方农产品和工业领域市场实现进一步开放

日本对欧盟放开的农产品市场包括，一是牛肉38.5％的关税15年内降

至 9％；二是乳制品，如硬奶酪 29.8％的关税 15 年内降至零，不断扩大软质鲜奶酪零关税的关税配额量；三是猪肉 4.3％的关税 10 年内取消，将 482 日元/千克的特定关税降低至 50 日元/千克；四是加工食品（如意大利面、巧克力）30％的高关税 10 年内取消；五是葡萄酒 15％的关税在协定生效时立即取消。欧盟对日本开放汽车市场，立即取消大部分汽车零部件关税，小客车关税 7 年内削减 10％，卡车、公共汽车、拖拉机和摩托车关税分阶段降至零。

（三）协定在服务贸易、投资及政府采购方面实现了高水平自由化

服务贸易开放以"负面清单"为基准，特别是确保邮政和快递服务、金融服务及电信服务领域的公平竞争。投资方面，协定确保对投资的非歧视性待遇，并对外国投资者在东道国从事投资活动的门槛予以禁止"业绩要求"。欧盟称双方投资领域承诺是迄今所有自贸协定投资最全面的清单。政府采购准入范围超出了目前的多边承诺，并增加了实施范围的城市数量，日本还涵盖了铁路部门。

（四）推动标准互认和监管合作以减少非关税壁垒

欧日双方将推动双方标准、技术要求一致以及认证互认作为主要优先事项。协定在双方监管合作方面设有专门章节，规定双方共建联合机构以推动提高法规透明度，特别是在医疗器械、纺织品标签、药品和汽车方面与国际标准互认。这是欧盟首次与第三方建立监管合作的联合机构。汽车方面，日本同意将日本法规与联合国欧洲经济委员会（UNECE）的所有标准保持一致，这样欧盟汽车在出口日本时就不需要再对汽车进行重新测试和认证。农产品方面，卫生和植物检疫（SPS）条款旨在简化审批和进口程序以及确定措施的等效性。

（五）协定涵盖了知识产权、数字贸易等诸多规则领域

协定重申并扩大了知识产权领域的多边承诺，如涵盖了商业秘密并确保对地理标志（GI）即农产品、食品和饮料产品的特定地理来源强化保护，这是欧盟的重点关注之一。欧日双方分别对对方 56 种和 205 种地理标志产品进行互认。协定在数字贸易方面的承诺包括对电子传输不征收关税及不要求披露软件源代码。双方还于 2018 年下半年签署了一项单独协议，承认数据保护标准足以促进双方数字贸易并将之作为欧日自贸协定的补充。协定还就国有企业（SOE）、公司治理、中小型企业及包括劳工标准在内的贸易和可持续发展等制定了详细规则。

二、欧日自贸区对美国贸易政策的影响

欧盟和日本均是美国重要的投资贸易伙伴，欧盟是美最大贸易伙伴，日本是美第五大贸易伙伴。2019 年美对欧出口 3 380 亿美元、进口 4 964 亿美元，对日出口 747 亿美元、进口 1 405 亿美元。美欧互为最大的对外直接投资来源地和目的地，美也是日最大的对外直接投资目的地。

（一）美部分产业或将失去欧日市场份额

由于欧日享有彼此的优惠市场准入条件而美国并未与这两个主要经济体达成全面自贸协定，美国的某些产业尤其是在那些面临相对较高关税或监管障碍的行业可能会面临竞争劣势，或可能会失去市场份额。2019 年下半年，美国完成了与日本的第一阶段贸易协定并已于 2020 年 1 月生效，2020 年下半年双方将就签署更全面协定进行谈判。美日第一阶段贸易协定尽管在一定程度上缓解了上述担忧，如日本在关税方面为美国农业提供了公平竞争的环境。但该协定并未涵盖生物技术、地理标志、卫生和植物检疫（SPS）及非关税壁垒等领域内容，如果日本与欧盟或 CPTPP 成员在汽车和服务贸易等更广泛领域达成一致，则美国将进一步面临不利的竞争局面。

（二）促使美加快与欧日双边自贸协定谈判进程

欧日自贸协定谈判完成之际正值区域贸易一体化努力面临诸多不确定因素之时。特朗普政府上台后放弃了奥巴马时期的一些多边贸易倡议，退出了 TPP 和 TTIP 并宣布将与日本和欧盟（及英国）启动新的单独的贸易协定谈判。加快重启新谈判的部分原因是欧日达成了自贸协定及美担忧在欧日两市场竞争力下降。美欧贸易谈判尚未有进展，但美英贸易谈判已于 2020 年 5 月启动。来自外部竞争的压力促使美加快了与欧日各自的双边贸易谈判进程，但欧盟和日本对美近期对其产品加征关税及美威胁将对进口汽车加征关税都表示了关切，同时欧日也感受到美对多边贸易体系的支持在减弱，导致谈判仍面临诸多不确定因素。

（三）影响美对欧日各自双边自贸协定谈判的优先重点事项

鉴于美国与欧日各自的双边自贸协定谈判范围尚未敲定，欧日自贸协定或将影响美与欧日各自双边自贸协定谈判的优先重点事项和争论点，如美欧谈判是否将农业和汽车业纳入及是否进行分阶段谈判；而美日在 2020 年下一阶段

协定谈判是否涵盖汽车、原产地规则、非关税壁垒、监管问题、数字贸易及货币等敏感领域，均是谈判症结所在。

（四）威胁美国制定全球贸易规则的领导力

欧日自贸协定是欧盟拓展自贸协定网络的一个最新协定，它进一步扩大了欧盟把全球贸易纳入自贸协定规则的份额。对于日本来说，该协定是其在主导签署 CPTPP 后的又一重要战略优先选项。但该协定的最终条款仍存在一些不确定因素，最重要一点是英国尚在脱欧进程中。英国脱欧过渡期将于 2020 年 12 月结束，英日已于 2020 年 6 月启动新的贸易协定谈判并意在尽快签署，英国还宣布计划加入日本主导的 CPTPP。鉴于美欧在监管问题、标准、知识产权保护和数字贸易等方面采取不同做法，此类协定可能对确立全球贸易规则方向产生影响，进而威胁美国制定全球贸易规则的领导力。因此，年初美日欧三方在补贴、国有企业以及数字贸易方面达成一致并签署了相关协定，标志着三方存在以其他方式展开共同合作的可能性。

三、思考与建议

欧美中日是全球最大经济体和最大农产品进出口市场，四者中任何组合构建的自贸区都将对全球经济贸易产生重大影响，对我国的影响更不容忽视。欧盟和日本都是我国农产品贸易重要伙伴，欧盟是我国农产品第三大出口市场和第二大进口来源地；日本是我国农产品第一大出口市场，我国也是日本农产品第二大进口来源地。2019 年，我国农产品对欧盟出口 94 亿美元、进口 186 亿美元，对日本出口 104 亿美元、进口 13 亿美元。

（一）我国水果贸易逆差扩大、水产品顺差收窄，优势农产品出口面临更激烈竞争

水产品和果蔬是我国优势出口农产品，也是我国对日欧主要出口农产品。2018 年我国水果贸易首现逆差，2019 年逆差扩大至 29 亿美元，2020 年 1—5 月逆差达 34 亿美元。我国水产品贸易顺差多年保持在 100 亿美元以上，近两年顺差持续收窄，2020 年 1—5 月仅为 3.5 亿美元。日本是我国农产品、水产品和蔬菜的第一大出口市场及水果的第四大出口市场。欧盟也是日本水产品和果蔬产品的主要进口来源地，欧盟对日水产品和加工果蔬出口分别为我国对日本出口额的 1/6 和 1/4。欧日自贸区关税削减及市场便利化水平提升为欧盟农产品进军日本市场打开了大门，在当前我国水果贸易逆差扩大、水产品顺差不

断收窄情况下，我国优势农产品出口将面临更激烈竞争。

（二）全球贸易体系遭遇危机，警惕欧美为首的发达经济体之间构建的排他性贸易联盟

WTO 上诉机构停摆、总干事提前离任，全球贸易体系几乎陷入瘫痪状态，以欧美为首的发达经济体则加快了双边、区域等贸易协定的谈判。发达经济体主导建立的欧日自贸区、CPTPP 等不仅在市场准入方面实现了高水平的贸易自由化，同时在服务贸易、投资、政府采购、数字贸易、知识产权、国有企业等议题达成共识，做出了超出多边水平的承诺。在当前单边主义、保护主义成为世界经济发展不确定因素，以 WTO 为代表的多边贸易体制的权威性和有效性受到挑战背景下，不排除以欧美为首的发达经济体之间联合制定新的针对中国等发展经济体的全球贸易规则，如重新签署的美墨加协议加入了"非市场经济国家"条款，显而易见是美国孤立和遏制中国发展的"毒丸条款"，对此需高度警惕。

（三）适时启动加入 CPTPP 谈判，加快构建高水平自由贸易区网络

尽管以欧日自贸协定、CPTPP 为代表的所谓全面高水平自贸协定中部分议题承诺超出发展经济体的发展阶段，但仍代表了未来全球贸易规则的方向。党的十九大报告指出中国支持多边贸易体制、促进自由贸易区建设，推动建设开放型世界经济，李克强总理在 2020 年两会回答记者提问时表示中国对加入 CPTPP 持积极开放态度。因此宜加快加入 CPTPP 可行性研究，适时启动加入 CPTPP 谈判。同时应继续坚定推进区域全面经济伙伴关系协定（RCEP）、中日韩自贸协定等区域贸易协定谈判进程，加快形成立足周边、辐射"一带一路"、面向全球的高标准自由贸易区网络，为中国参与制定新的国际贸易规则创造机会和平台。

（徐宏源、张明霞，2020 年第 8 期）

新一轮新冠疫情冲击下的印度和
东盟农业：形势、影响及中国应对

2021年4月以来，全球新冠疫情形势突变，印度和东盟沦为重灾区。其中印度第二轮疫情快速恶化，并于4月12日超过巴西成为全球第二大疫情国，确诊病例数仅次于美国且有赶超态势；东盟疫情日趋严峻，印度尼西亚、菲律宾、马来西亚、泰国和柬埔寨尤为严重，此前防控较好的老挝、越南和缅甸也正遭受波及。印度和东盟是全球重要的农业生产区域，疫情冲击下其农业可能受到的影响或将进一步波及全球其他区域，引发连锁效应。

一、疫情下印度和东盟农业发展失衡、风险加大

与2020年相比，此轮新冠疫情高峰持续时间更长，加之人畜疫情叠加及东盟区域局势动荡等不确定因素，印度和东盟农业受到的影响可能更大。

（一）以粮食安全为主的政策导致农业有结构性失衡风险

印度是全球大米、棉花、食糖主产国，东盟主要生产大米、棕榈油等大宗产品。为遏制疫情蔓延，目前印度多地已处于全面封锁状态，马来西亚宣布从6月1日起实施全国全面封锁，由此带来的劳动力短缺、农资产品流动受限等问题可能影响农作物收割和畜牧业发展，并进一步影响后续产量。印度和东盟2021/2022年度农业生产可能比2020/2021年度受到的影响更大，但大类农产品之间存在差异。其中，粮食产品因有支持措施托底影响不大。印度和东盟自2020年疫情以来为维护国内粮食安全加大了对粮食的支持力度，从而促进了国内粮食生产、增加了粮食储备。印度农业与农民福利部5月26日公布2020/2021年度粮食产量预测数据显示，印度粮食产量3.1亿吨，同比增长2.7%，比此前预计的3.03亿吨高出0.7个百分点。此外，印度政府2021年还计划收购4 270万吨小麦（2020年为3 900万吨），向农民转移支付的收购额增长42%。棉花、食糖产业的影响更主要体现在下一市场年度。印度预测数据显示，2020/2021年度棉花和甘蔗产量比历史平均产量分别增长8.5%和14.4%；但下一年度可能下滑。印度棉花正常情况下4月底全面播种，但疫情

导致其劳动力短缺及棉农种植意愿降低，影响棉花播种进程减缓，美国农业部预测 2021/2022 年度印度棉花种植面积或将下降 2%。食糖产业同样如此，目前印度正处榨季但有 100 多家糖厂尚未收榨，疫情再次发酵或导致印度食糖供应减少、出口放缓。畜牧渔业影响可能较大。从东盟看，2021 年第一季度印度尼西亚和泰国农业生产总值分别增长 3%、1.4%，其中两国种植业产值分别增长 2.2% 和 3.6%，而渔业产值则分别下降 1.3% 和 7.3%。同期菲律宾农业生产总值下降 3.3%，其中种植业和渔业分别增长 3.3%、0.6%，牲畜养殖业和家禽业分别下降 23.2%、7.4%。以粮食安全为主的支持措施将导致国内供需结构性失调，使农牧渔业发展失衡加剧。

（二）新冠疫情与非洲猪瘟疫情叠加或阻碍东盟生猪产业发展

2019 年以来，非洲猪瘟在东盟国家开始扩散，对越南、马来西亚、印尼和菲律宾等国生猪产业造成严重影响，甚至引发通胀。据联合国粮农组织数据，截至 2021 年 5 月底，越南损失生猪约 600 万头，菲律宾损失生猪 300 多万头，菲律宾生猪相关产业经济损失超 20 亿美元。5 月 10 日，菲律宾政府宣布进入为期一年的国家灾难状态，国内猪肉供应紧张、价格飞涨使新冠疫情导致的市场恐慌雪上加霜，也给本已在 2020 年下半年进入生猪产业恢复态势的越南、老挝、柬埔寨等国带来被传播的潜在威胁，引发该地区高度警惕。

（三）印度农资产品生产可能出现阶段性供应不足

印度是仅次于中国的全球第二大农药生产国，主要产品包括草铵膦、麦草畏、菊酯、代森锰锌等农药原药以及部分农药的上游中间体。上年印度疫情暴发期间，印度政府曾颁布农业生产经营活动封锁豁免令，但全国农药产量仅 19.2 万吨，同比下降 11.3%。印度本轮疫情若持续恶化，或将导致工厂停产、产能受限，包括农药在内的农资产品阶段性供给将受影响。目前印度国内已出现化肥价格上涨趋势，政府计划在夏播前分别对两大类肥料磷酸二铵（DAP）和 NPK 复合肥下拨 912.5 亿卢比和 565 亿卢比合计约 20 亿美元的补贴款，以平抑国内市场价格波动。此外，印度最大、全球第五大农化生产商 UPL 公司为保障医院氧气供应，现已计划将其四家氮气生产厂改造后生产氧气，将进一步加剧国内市场农资产品供应不足风险。

（四）农业生产受限将导致农产品出口下降预期增强

2020 年下半年以来各国出口均显著增长，印度 2020/2021 财年农产品出口额为 418.2 亿美元，同比增长 17.5%，其中大米出口额 88.2 亿美元，增长 37.9%；东盟主要出口国农产品出口规模也大幅增长，其中泰国和越南 2021 年一季度农产品出口额分别增长 12.9% 和 19.7%。但这种增长多由出口额而非出口量导致。由于全球大宗商品价格上涨，新一轮疫情暴发背景下各国贸易政策以保障本国粮食安全为优先，印度和东盟大米出口已现下降趋势，未来农产品贸易的不确定性将进一步加大。2021 年一季度泰国、越南和印度大米出口量同比分别下降 23%、25% 和 22.4%。

二、全球农产品市场将受到较大联动效应影响

新一轮疫情使印度和东盟社会经济发展面临衰退危机并加大向农业领域传递的风险。作为全球重要的农业生产和贸易区域，疫情冲击下的印度和东盟农业势必将对世界产生不利影响。

（一）国际市场粮食流通量减少或将助推国际粮价上涨

2021 年以来，全球主要粮食价格呈上涨态势，其中 4 月 1 日至 5 月 10 日，玉米、大豆、小麦价格分别上涨 19%、13.6%、16.1%；同期国际大米价格虽有所下降，但仍维持在高位。粮农组织预测数据显示，2020/2021 年度全球需求强劲使得粮食市场仍处供需偏紧状态，印度和东盟新冠疫情若继续失控将导致当前不平衡的粮食供需状况更加严峻，进一步助推高位上涨的国际粮价。一方面，粮食主产国如印度增加粮食库存、减少粮食出口将使得国际市场粮食流通量减少，加剧供需紧张格局，可能推高国际粮价。另一方面，粮食短缺国将加速进口粮食，导致国际市场可供贸易的粮食流通量进一步减少。全球主要大米进口国菲律宾已从 2021 年 5 月开始削减大米进口关税以增加其国内大米供应和降低通胀。

（二）若引发贸易限制则冲击区域和全球农产品供应链

印度是全球第一大大米出口国、第三大棉花和食糖出口国；越南、泰国分别是全球第二、三大大米出口国，印度尼西亚和马来西亚是全球前两大棕榈油出口国。新冠疫情影响下，印度和东盟的农产品贸易措施具有极大不稳定性。2020 年 3—5 月，东盟部分国家为保障疫情防控期间其国内供给相继出台有关农产品出口限制措施，对东盟区域乃至世界的粮食稳定供给造成冲击。2021 年新一轮疫情使印度和东盟的疫情防控措施收紧，如马来西亚在 2021 年 5 月 12 日—6 月 7 日期间实施全国性行动管制令，缅甸自 2021 年 5 月 1 日起暂停

从缅泰陆路口岸进口食品。目前，印度政府限制出口的产品主要集中在医疗卫生用品领域，但印度政府正大量增加小麦采购量并扩大面向公众的大米和小麦分配，将削弱印度粮食出口能力，不排除其出口限制措施向农产品领域延伸的可能性。

（三）东盟猪肉紧缺将加大全球猪肉供给压力

全球生猪产业防范非洲猪瘟大规模扩散压力持续，受其影响，近两年来越南和菲律宾等国在大力恢复国内生猪产能的同时，大幅增加猪肉进口以平衡其国内猪肉供求关系、抑制肉价过度上涨。2020 年，越南进口猪肉 14.1 万吨，同比增加近 4 倍；菲律宾猪肉进口量则下降 42.3％，为 16.5 万吨，但随后的猪肉供给严重短缺使政府不得不采取放宽市场准入条件的措施，而在 2021 年 4—12 月内增加猪肉进口配额，同时将配额内和配额外猪肉进口关税分别从 30％和 40％削减至 15％和 25％。猪肉供给趋紧导致国际市场猪肉价格大幅上涨，2021 年 1—4 月涨幅已达 59.5％。

三、对中国农业贸易的影响研判及对策建议

印度和东盟疫情蔓延对中国外防输入的疫情防控带来严峻挑战，也给中国与印度、东盟之间农业经贸往来造成一定潜在风险，应高度重视、谨慎应对。

（一）对中国的影响研判

封锁措施阻碍双边农业贸易正常进行。 东盟是中国第一大贸易伙伴，印度是农药出口大国也是中国化肥出口的主要市场。现阶段，疫情已席卷印度各邦，人员跨区流动受限，劳动力短缺问题日益严重；东盟国家也在强化疫情封锁措施，货物流通速度势必减缓，叠加 2021 年以来国际海运集装箱短缺、产品延迟交货造成我国部分产品出口下降。中国农药企业则可因中印在农药领域的可替代性有一定订单回流的利好机遇。

边贸下滑及口岸疫情输入风险加大。 新一轮疫情下，中国与越南、缅甸和老挝等国的边贸货物通关率下降，其中中越边境口岸正面临因越南北部北江、北宁两省及河内严重疫情而关闭的风险。此外当前正值越南荔枝和缅甸芒果上市，人员赴境外采购和鲜果入境也增大了疫情传入的可能性。

双边农产品贸易成本提高。 集装箱缺乏、物流不畅等因素将导致农产品货运成本提高，此外，印度和东盟的部分传统优势出口农产品的市价上涨，也直接导致了出口价格的上涨。

（二）对策建议

持续深化疫情防控合作，稳定区域农产品供应链。2020 年以来，中国与越南、老挝、缅甸等东盟国家在有效防控边境地区疫情的同时，积累了许多边贸促进的经验方法。疫情反复背景下，建立区域性农产品供应链稳定机制的紧迫性和必要性进一步凸显。鉴于此，一是应及时共享边境地区的疫情信息，加强对人员和货物出入境管理，建立紧急预案，杜绝疫情从边境口岸输入；二是加快发展农产品"数字口岸"和跨境电商等新贸易模式，根据季节性和供需关系建立生鲜农产品绿色通道，增强边贸口岸货物通关能力；三是推动签订双边及区域农产品贸易谅解备忘录以规避贸易不确定性风险；四是持续发挥好在印度、东盟的华人商会的组织作用，加强信息沟通与疫情防控合作。

加大信息监测力度，做好粮食市场信息发布工作。印度、东盟疫情防控政策及农业生产贸易政策处于频繁调整期，我国有必要持续做好对上述地区的农业市场信息跟踪。建议进一步强化区域和全球农业生产贸易信息监测，结合国内库存和需求形势，现阶段重点对大米、玉米、小麦、食糖、棉花、热带水果、木薯等农产品进行跟踪分析。此外要做好国际粮价持续上涨的应对，及时发布粮食市场信息，防范国际粮价上涨过快给国内市场带来的联动效应。

加强进口猪肉检验检疫，建立区域非洲猪瘟防控机制。我国生猪产业正处于产能恢复关键期，要大力加强非洲猪瘟从东盟国家输入的风险防控措施。建议提高对进口猪肉及边境口岸的检验检疫水平，严打海上和陆路走私，防范携带猪瘟病毒的猪肉流入我国境内。利用目前越南和菲律宾等东盟国家正加大恢复生猪产能力度之时，推动建立区域性非洲猪瘟防控技术交流合作机制，搭建交流平台，共享防控经验。

（谭砚文、李丛希，2021 年第 6 期）

经贸摩擦以来中美农产品
贸易变化情况分析

2019 年，中美农产品贸易额 206.3 亿美元，连续两年下降。对美出口由 2018 年的增长变成下降，自美进口延续 2018 年下降趋势但降幅收窄。分产品来看，大豆、猪肉、牛肉等进口同比增长，水产品、蔬菜、水果三大产品出口均下降。中美第一阶段经贸协议签署以来，中方认真落实协议，预期 2020 年大豆、肉类、棉花等产品进口量将保持增长态势。

一、经贸摩擦以来中美农产品贸易变化特点

（一）农产品贸易额较经贸摩擦前降三成以上，进口降幅高于出口

贸易额连续两年下降，跌至 10 年前的水平。2019 年贸易额 206.3 亿美元，较 2018 年下降 16％，较经贸摩擦前的 2017 年下降 35.2％。2019 年自美进口 141.3 亿美元，较 2018 年下降 12.9％，较 2017 年下降 41.4％；对美出口 65 亿美元，较 2018 年下降 22.1％，较 2017 年下降 15.9％。2017—2019 年我国农产品月度贸易额见图 1。

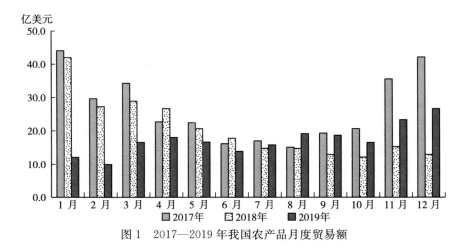

图 1　2017—2019 年我国农产品月度贸易额

（二）美在我国农产品贸易地位下降，第一大进口来源地被巴西、东盟、欧盟超越

美国曾连续多年稳居我国第一大进口来源地，2018 年、2019 年为位居巴西、东盟、欧盟之后的第四大贸易伙伴。2019 年，我国自美进口 141.3 亿美元，占农产品进口总额的 9.4%，较 2017 年下降了近 7 个百分点。自巴西、东盟、欧盟农产品进口额分别为 295.3 亿美元、214.9 亿美元和 186.2 亿美元，分别占农产品进口总额的 19.6%、14.2% 和 12.3%。与经贸摩擦前比，美国仍为我国农产品第五大出口市场，占农产品出口总额的 8.2%。

据美国农业部统计，2019 年中国仍是美国第四大农产品贸易伙伴，次于墨西哥、加拿大和欧盟，维持经贸摩擦之前的排名。从进口来源地看，2019 年中国仍居第四；从出口市场看，经贸摩擦以前中国排名第二，2018 年骤降为第五，2019 年回升为第三。

（三）主要农产品进出口普遍大幅下降，但猪肉进口增了一半

2019 年，除猪肉、牛肉、乳品进口增长外，我国自美进口农产品及对美出口产品均大幅下降。其中，主要进口产品中：大豆进口量减一半，棉花进口量降三成，玉米替代品高粱和干玉米酒糟（DDGs）进口量降 60% 以上；猪肉、乳清粉进口量均增加一半以上，牛肉进口量增加超过 3 倍。主要出口产品水产品、蔬菜和水果出口量降幅在 1/4 左右。

二、中美重点农产品贸易变化

（一）大豆进口减半

大豆仍为我国自美第一大进口产品，2019 年进口额占我国自美进口总额的 47.4%，较经贸摩擦之前降 10 个百分点。2019 年自美进口大豆 1 694.4 万吨，比 2018 年增长 1.8%，比 2017 年下降 48.4%。与 2017 年相比，2018 年和 2019 年自美进口大豆累计减少 3 213 万吨，而这两年自巴西进口大豆累计增加 2 190 万吨。据美国农业部统计，2019 年美豆出口总量 5 228.7 万吨，对华出口占比 43%；2017 年、2018 年美豆对华出口占比分别为 57.3% 和 17.8%。2017—2019 年我国大豆月度进口量见图 2。

（二）棉花进口降三成

2019 年自美进口棉花 36.2 万吨，比 2018 年下降 32.2%，比 2017 年下降

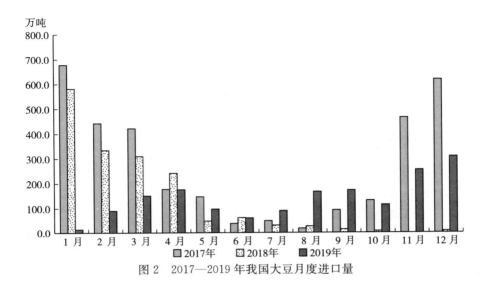

图 2　2017—2019 年我国大豆月度进口量

29.8%。2019 年自美进口棉花下降三成，美国也从我国棉花第一大进口来源国降至第三位。巴西、澳大利亚、印度、乌兹别克斯坦等世界棉花主要出口国替代了美棉在华的部分市场份额。其中，自巴西进口增长迅速，2019 年进口51.2 万吨，较 2018 年增加 1.7 倍，使其从 2018 年的第四位直接跃升为我国棉花第一大进口来源国。2017—2019 年我国棉花月度进口量见图 3。

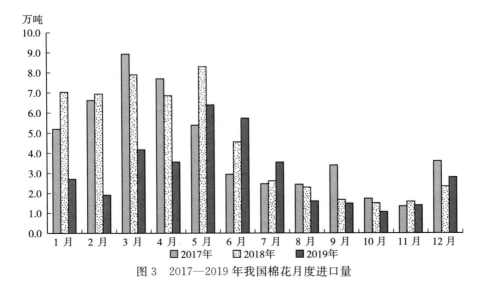

图 3　2017—2019 年我国棉花月度进口量

（三）玉米替代品进口降60％以上

高粱曾是我国自美进口的重要产品，2015年占比曾一度超过进口总额的10％，仅次于大豆；2016年以后占比有所下降，约为5％；2018年我国对高粱实施双反措施后，2019年自美进口高粱60万吨，比2017年下降87.4％。2019年自美进口干玉米酒糟（DDGs）14万吨，比2017年下降64.2％。

（四）猪肉进口增半

2019年我国自美进口猪肉24.5万吨，比2018年增长1.9倍，比2017年增长47.8％；进口猪杂碎17.4万吨，比2018年下降1.8％，比2017年下降58.4％。经贸摩擦以前自美进口主要是猪杂碎，占比六成以上；2019年受国内非洲猪瘟影响，自美猪肉进口大幅增长，占自全球进口的12.3％。美国是全球第二大猪肉出口国，2019年猪肉及制品出口量267.2万吨，约占全球猪肉出口量的30％。2017—2019年我国生猪产品月度进口额见图4。

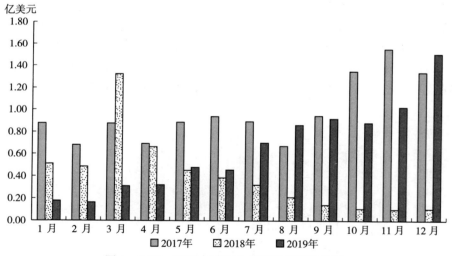

图4 2017—2019年我国生猪产品月度进口额

（五）牛肉进口增加3倍以上

受2003年美疯牛病影响，我国对美牛肉一直采取进口限制措施，牛肉进口主要来自巴西、阿根廷、澳大利亚、乌拉圭、新西兰等国，2019年进口166万吨，较上年增长59.7％。2017年中美"百日计划"，中方允许30月龄以下美牛肉进口，当年自美进口牛肉2 204.8吨，实现零的突破。2019年自美进口牛肉增至 9 851.4 吨，较 2017 年增加 3.5 倍。美国是全球第四大牛肉出口国，位居巴西、印度和澳大利亚之后，占全球贸易量的 14%。2019 年美国牛肉出口量 137.2 万吨，出口额 81 亿美元；对华出口仅占 1%。

（六）禽肉贸易仍处于停滞状态

美国是全球第二大禽肉出口国，占全球出口总量的 1/4。美曾是我国第一大肉鸡产品进口来源国，2009 年前我国自美肉鸡产品进口量在 50 万～60 万吨，占我国进口总量的 70%，主要是鸡爪、鸡翅和种鸡。2010 年我国对美白羽肉鸡产品征收反补贴税和反倾销税，此后自美进口肉鸡产品降至 10 万吨以下。2015 年由于美暴发禽流感疫情，我国对美封关至 2019 年底，其间贸易基本停滞。

（七）乳清粉进口增一半以上，婴幼儿配方奶粉增四成

我国自美进口乳品主要为乳清粉，2019 年进口 16.2 万吨，比 2018 年下降 38.3%，比 2017 年增长 55.7%。美国一直是我国乳清粉第一大进口来源国，超过一半的乳清粉来自美国。经贸摩擦爆发后，我国对美乳品加征 25% 关税，乳清粉进口量随之下降，2019 年我国进口乳清粉 45.1 万吨，同比下降 18.7%，其中自美进口占我国乳清粉进口总量的 35.8%，较 2017 年下降了 19.3 个百分点。尽管市场份额下降，但美国仍位居我国乳清粉进口首位。2019 年我国自美进口婴幼儿配方奶粉 1 425.6 吨，比 2018 年下降 1.9%，比 2017 年增长 40.6%。

（八）水产品出口降幅在 1/4 左右

2019 年我国对美出口水产品 25 亿美元，比 2018 年下降 27%，比 2017 年下降 22.3%。2019 年我国水产品出口总额 206.6 亿美元，同比下降 7.6%，但美国仍为我国第二大出口市场。2019 年我国对美出口鲜冷冻鱼类 10.2 亿美元、加工鱼类 5.3 亿美元、贝类及软体动物 4.3 亿美元、虾类 3.4 亿美元，同比分别下降 19.1%、20.9%、25.9%、42.4%。2017—2019 年我国水产品月度出口额见图 5。

（九）蔬菜出口降幅超过 1/4

2019 年我国对美出口蔬菜 8.4 亿美元，比 2018 年下降 16.6%，比 2017 年下降 26.4%。2019 年我国蔬菜出口总额 155 亿美元，同比增长 1.6%。美国原为我国第五大出口市场，2019 年我国对马来西亚蔬菜出口额增长三成，

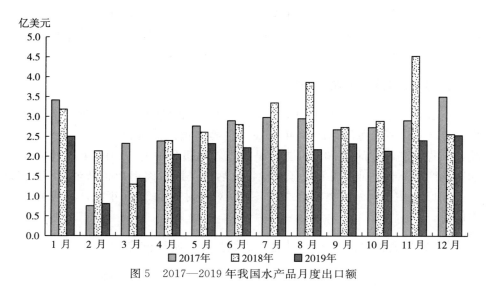

图 5　2017—2019 年我国水产品月度出口额

马来西亚替代美国成为我国第五大出口市场，美国降至第六位。我国对美出口加工保藏蔬菜 2.9 亿美元、干蔬菜 2.7 亿美元、鲜冷冻蔬菜 2.6 亿美元，同比分别下降 14.7％、27％、3.7％，其中干大蒜出口大幅减少导致的干蔬菜降幅最大。2017—2019 年我国蔬菜月度出口额见图 6。

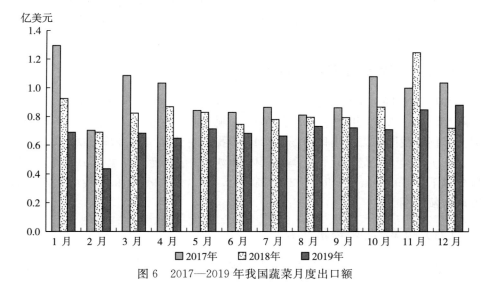

图 6　2017—2019 年我国蔬菜月度出口额

（十）水果出口降三成

2019 年我国对美出口水果 5.3 亿美元，比 2018 年下降 40.2%，比 2017 年下降 30.4%。2019 年我国水果出口总额 74.5 亿美元，较上年增长 4.1%，美国是我国第五大出口市场。我国水果出口以鲜冷冻水果为主，对美出口主要是加工水果，其中水果罐头 2.3 亿美元、其他加工水果 1.4 亿美元、水果汁 1.4 亿美元，同比分别下降 30.3%、17.7%、60%。水果汁对美出口大幅减少主要是苹果汁出口锐减导致。2019 年我国对美出口梨 1 333.4 万美元、枣 263.2 万美元、无鲜柑橘出口。2017—2019 年我国水果月度出口额见图 7。

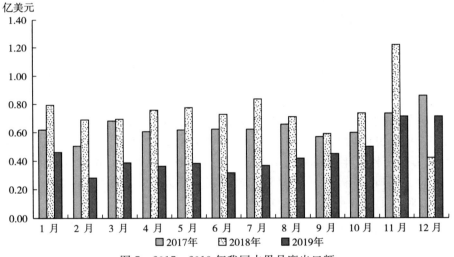

图 7　2017—2019 年我国水果月度出口额

（十一）坚果进口增 1 倍以上

2019 年我国自美进口坚果 13.7 万吨，比 2018 年增长 35.9%，比 2017 年增加 1.1 倍。坚果在我国对美反制措施第一轮清单上，关税增加 25%。加征关税以来，我国自美坚果进口未受影响、量额齐增。2018 年进口 10.1 万吨，同比增长 57.4%；进口额 6.2 亿美元，增长 61%。2019 年进口量额延续增长态势，但增速放缓。主要进口品种为扁桃核及仁、核桃和夏威夷果。

三、2020 年中美农业贸易展望

2020 年 1—2 月，中美农产品贸易额 43.8 亿美元，较上年同期翻了一番，自美进口 35.9 亿美元，增加 1.7 倍；对美出口 7.9 亿美元，下降 9.2%。随着第一阶段经贸协议的推进，自美大豆、高粱、禽肉、猪肉进口均迅猛增长；对美果蔬出口有所增长，水产品出口下降。预计全年自美进口大豆、棉花、肉类将大幅增长，需密切关注自美进口农产品短期内大量增加可能对国内产业带来的影响。

（一）自美农产品进口总额预计将继续增长

根据中美第一阶段经贸协议相关内容，中方承诺在 2017 年基数之上，2020 年增加自美进口农产品不少于 125 亿美元，2021 年增加自美进口农产品不少于 195 亿美元。若我国自美进口恢复到 2017 年水平（238.9 亿美元），则 2020 年自美进口总额将比上年增长 69%；若在 2017 年基础上再增加 125 亿美元，则 2020 年自美进口总额将比上年增长 1.6 倍。

（二）大豆、肉类、棉花、乳品等进口将继续大幅增长

大豆、肉类、棉花、乳品等产品国内存在产需缺口，自美进口量将进一步增长。特别是猪肉、牛肉、禽肉等肉类产品，随着解除对美国进口限制，短期内进口可能快速增长。据海关统计，2020 年 1—2 月，我国自美进口大豆 610.2 万吨，较上年同期增长 4.8 倍；进口棉花 7.4 万吨，增长 59.2%；进口猪肉 10.5 万吨，增长 8.6 倍；进口乳清粉 3.5 万吨，增长 43.6%；进口高粱 28.2 万吨（上年同期无进口量）。

（三）水果、禽肉等出口将有所突破

根据中美第一阶段经贸协议内容，美方将完成中方香梨、柑橘、鲜枣的进口监管通报程序。2019 年 11 月，美国农业部确认我国自产原料禽肉监管体系与美国等效，被列为有资格向美出口自产原料熟制禽肉的国家；我国也解除了自美禽肉的进口限制。2020 年我国香梨、柑橘、鲜枣及禽肉等将有机会进入美国市场。

（杨静、张明霞、吕向东、霍春悦，2020 年第 4 期）

技术性贸易措施影响中美农产品贸易

随着美方不断突出对华"战略竞争"甚至宣扬"脱钩"和"新冷战",中美贸易矛盾再次激化。中美经贸摩擦具有复杂性和长期性,需充分运用各类符合国际规则的措施有效应对。农产品是中美贸易焦点,而技术性贸易措施因具有灵活性和针对性强的特点成为对农产品贸易影响最大因素之一。目前中美两国间实施农产品技术性贸易措施的力度并不对等,中国对美措施数量明显低于美对华措施。中国海关检验检疫记录证实来自美国的农产品携带多种有害生物及其他风险,中国对美农产品技术性贸易措施工作还有很大提升空间。完善工作机制并强化相关工作力度对维护我国农产品贸易利益及保障国内产业安全至关重要。

一、中美互为主要农产品进口来源国,产品互补性明显,中国自美进口农产品品种集中度远大于对美出口

中美是全球农产品贸易额最大的两个国家,并互为对方主要进口来源地。 据中国海关统计,2017—2019 年,中国自美农产品进口额分别为 241.2 亿、162.3 亿和 141.3 亿美元,对美农产品出口额分别为 77.3 亿、83.5 亿和 65.0 亿美元。

中美农产品互补性明显。 从近三年年均进口额分析,美对华出口的主要农产品包括食用油籽、棉花、生猪产品、鱼类、动物生皮、高粱、乳品、开心果、其他畜产品,以资源密集型产品为主。中国对美出口最多的是鱼类、贝类及软体动物、虾类、蔬菜、其他畜产品、水果罐头和果汁,以劳动密集型产品为主。

特别值得注意的是,美对华出口品种集中度很高,远超过自华进口。 从近三年数据看,美国对华出口前五大农产品品种在对华出口总额中占比超过70%,仅食用油籽(主要是大豆)就占一半。同期中国对美出口前五大农产品品种在总额中占比只有 50% 左右。采取技术性贸易措施会对贸易量和金额产生影响,而措施针对产品在贸易总额中的占比越高则对整体贸易形势的影响就越大。

二、美对华农产品技术性贸易措施数量超中国对美数量，相关措施给我国出口企业造成较大损失且措施数量影响呈增势

技术性贸易措施是影响中美农产品贸易的重要因素。美国是世贸组织（WTO）使用技术性贸易措施最频繁的成员。中国近年也更加积极地利用该措施维护国内消费者和产业合法权益，但措施数量远低于美国。

（一）技术性措施对贸易影响显著

狭义的技术性贸易措施包括技术性贸易壁垒措施（TBT 措施）和卫生与植物卫生措施（SPS 措施）。合理合法采取技术性贸易措施是 WTO 赋予成员的权利。因其灵活性、针对性强的特点，该措施已成为各国维护国内消费者和产业安全的必要常规手段。不容忽视的是，一些国家从贸易保护主义出发滥用该措施，构成技术性贸易壁垒，对正常贸易造成很大阻碍。中国海关抽样调查显示，国内出口企业已将技术性贸易壁垒列为仅次于汇率的第二大出口障碍。

（二）美对华技术性贸易措施力度远超中国对美

从主要针对农食产品的 SPS 措施看，美数量超过中国。 2010—2019 年美国共向 WTO 提起 1 270 项启动（initiated）通报。中国近年尽管也强化相关工作，但同期通报数量仅为 949 项。美国向 WTO 提起的上述通报中，可能影响中国的达 1 141 项，中国通报可能影响美国的有 947 项。

美国对华农食产品采取的禁止入境措施数量也高于中国对美。 2010—2019 年美国食品药品管理局（FDA）发布通报扣留中国农食产品达 12 732 批[①]，而同期中国通报未准入境美国农食产品仅 2 202 批。

美国食品药品管理局还有另一项针对农食产品的技术性手段，即发布进口禁令（也译作进口警报）。 当出口到美国的产品被认为违反美国法律时，该部门就会发出进口禁令，对产品无需进行查验分析即直接扣押。如出口商产品遭遇无检测扣押又无法提供令美国食品药品管理局满意的反向证据，相关商品就会被禁止入境。进口禁令会对企业造成经济和声誉上的双重损害。截至 2020 年 4 月，美国针对中国农食产品的进口禁令数量位居进口来源国第一，既超过

---

① 美国肉、禽、蛋进口不是由 FDA 而是由农业部下属食品安全检验局（FSIS）管理，要求和程序更为复杂，因肉、禽、蛋不是我国出口美国主要产品，因此 FSIS 对其采取措施不再专门统计。

与美国农产品贸易往来频繁的美洲成员，也超过生产水平低于中国的发展中成员甚至最不发达成员。

（三）美措施对中国农产品出口阻碍较大且日趋严峻

中国海关 2020 年公布的抽样调查数据显示，2018 年中国农食产品出口企业因国外技术性贸易措施遭受的直接损失为 185.8 亿元，其中由美国造成的就高达 144.8 亿元，占比 78%（图 1）。同期因国外技术性贸易措施给出口企业带来的新增成本中美国占比也最高，为 34.4%。

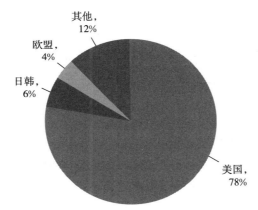

图 1　2018 年各国措施给企业带来的直接损失和损失率

数据来源：《中国技术性贸易措施年度报告 2019》。

（四）近年美国最关注中国转基因和生物技术审批等措施，中国最关注美在水产等领域的技术性贸易措施滥用问题

从中美在 WTO 平台提出的"特别贸易关注"看，近年美国对华措施持续密切关注的内容包括：转基因生物安全法规，农业生物技术审批程序和速度，对乳制品、海产品、谷物、饲料和油籽等产品境外企业的注册要求，因禽流感采取的禽蛋类产品进口措施，对牛肉和猪肉中激素和兽药的使用限制，油桃、蓝莓、鳄梨、马铃薯等准入问题。

近年中国关注的美方措施重点是水产品，包括美国"进口海产品监控项目（SIMP）"违反国民待遇和科学性原则问题；美国要求出口国参照美国监管体系对输美鲇鱼实施等效监管，对我国水产品出口造成较大不利影响问题（2019年得到初步解决）等。此外，中国对美国差别对待国产和进口农食产品以及措施不透明等问题也经常提出疑问。

三、自美进口农产品存在多种风险，对其合理实施技术性贸易措施具有必要性和紧迫性，相关工作有较大提升空间

WTO 等国际机构研究表明，进口农产品带来的突出风险中，在种植业表现为有害生物（病虫害和杂草），在养殖业表现为疫病，对消费者安全威胁最大的是农兽药残留和有害物质。

中国海关信息显示，来自美国的农产品风险不容小觑，尤其是美国的大田作物因采取机械收割更易混入检疫性杂草及种子、检疫性害虫、病菌病毒等物质。作为例证，下文列举了近年美输华主要农产品带来的部分突出风险（表1）。

表 1　自美进口农产品风险清单

单位：亿美元

产品名称	年均进口额	风险因素
大豆	92.4	截获假高粱、豚草、糙果苋、大豆北方茎溃疡病菌、大豆茎褐腐病等检疫性等有害生物
棉花	9.3	截获刺蒺藜草、假高粱、红火蚁、乳白蚁等检疫性有害生物
高粱	6.1	截获假高粱、长芒苋、北美刺龙葵、西部苋、葡萄茎枯病菌等检疫性有害生物
开心果	3.2	腐烂变质问题，截获有害生物乳白蚁，标签包装不合格，大肠杆菌超标
玉米	1.0	曲霉菌属真菌超标，截获糙果苋、西部苋、三裂叶豚草、北美苍耳、长芒苋、豚草等检疫性有害生物
牛皮	6.5	夹带蝇蛆、蝇蛹等蝇类害虫，距刺血蜱等疾病传播害虫，以及马利筋等检疫性杂草
生猪产品	8.1	多次检出禁用兽药莱克多巴胺残留，还常发现货证不符、有害物质污染和腐败变质等问题
乳制品	4.0	铁、铜和有害物质亚硝酸盐等超标和水分超标，超限量使用营养强化剂铬、谷氨酰胺，超范围使用食品添加剂维生素 K，检出 β-内酰胺酶、过氧化苯甲酰等
水产品	10.6	重金属镉、汞超标，检出病毒性神经坏死病毒，挥发性盐基氮超标

资料来源：资料收集自中国海关总署和地方海关公开通报信息，为不完全统计。

大豆。2017—2019 年大豆在自美农产品进口总额中占 50.8%。近年海关从美豆中大量截获假高粱、豚草、大豆北方茎溃疡病菌等，均是《中华人民共和国进境植物检疫性有害生物名录》的检疫性有害生物。假高粱是世界十大恶

性杂草之一，对玉米、大豆、棉花和甘蔗等作物都有威胁，可使作物减产最多达 50%。

棉花。2017—2019 年棉花占自美进口总额的 5.1%。美棉中多次截获刺蒺藜草、假高粱等检疫性有害生物。刺蒺藜草危害范围很广，包括谷物、大豆和蔬菜等。

高粱。2017—2019 年高粱占自美进口总额的 3.3%。美国高粱中大量截获假高粱、长芒苋、北美刺龙葵、西部苋、葡萄茎枯病菌等检疫性有害生物。此外，美国进口高粱还多次因黄曲霉毒素超标被查处。

开心果。2017—2019 年开心果占自美进口总额的 1.8%。进口美国开心果多次出现腐烂变质及被查验出有害生物乳白蚁。

玉米和干玉米酒糟。玉米和干玉米酒糟是我国自美进口的重要农产品品种。中国海关从美国玉米中大量截获糙果苋、西部苋、三裂叶豚草等检疫性有害生物，干玉米酒糟则屡现脱氧雪腐镰刀菌烯醇过高乃至超标问题。

牛皮。2017—2019 年牛皮占自美进口总额的 3.6%。进口美国牛皮被发现夹带蝇蛆、蝇蛹等蝇类害虫，距刺血蜱等疾病传播害虫及马利筋等检疫性杂草。

猪产品。2017—2019 年猪产品占自美进口总额的 4.5%，其中冻猪杂最多，其次是冻猪肉。近年中国海关多次从美国进口猪肉中检出禁用兽药莱克多巴胺残留及货证不符、有害物质污染和腐败变质等问题。

乳制品。2017—2019 年乳制品占自美进口总额的 2.2%，其中乳清粉是最重要产品。美国乳制品多次被检出铁、铜和有害物质亚硝酸盐等超标和水分超标，超限量使用营养强化剂铬、谷氨酰胺，超范围使用食品添加剂维生素 K，检出 β-内酰胺酶、过氧化苯甲酰等。

水产品。2017—2019 年我国年均自美进口鲜冷冻鱼类 7.7 亿美元，贝类和软体动物 1.5 亿美元，虾类 1.4 亿美元，合计占自美农产品进口总额的 5.8%。来自美国的水产品多次被检出重金属镉、汞超标，挥发性盐基氮超标及含有病毒性神经坏死病毒。

四、对美农产品技术性贸易措施工作的几点建议

中美两国间农产品贸易量大、种类多，对美进口产品合理合规采取技术性贸易措施以维护国内产业和消费者安全，以及有理有据应对美对我国农产品技术性贸易壁垒都是必要且紧迫的工作。

（一）关于自美进口农产品风险措施

一是工作机制方面，建议把技术性贸易措施作为一项重要内容纳入中美贸易争端研究体系。美国是我国农产品检验检疫性有害生物输入最多来源地之一，有必要预先组织开展更有针对性的系统研究和风险分析，立足产业安全、兼顾贸易影响，制定科学有效的应对方案。

二是规则制定方面，针对某些来自美国农产品的突出风险，适时调整《中华人民共和国进境植物检疫性有害生物名录》，必要时对进出境动植物检疫法及实施条例等规则做出有针对性的修订。

三是具体防范措施方面，欧盟法规中"高风险进口产品"概念和美国食品药品管理局进口禁令都可资借鉴。对输华农产品中频繁检出问题的美国出口企业，视情况暂停或取消其对华出口许可；对已发现安全问题的产品要及时加强检验检疫，包括提高抽检抽样比例、扩大检测内容等；对风险普遍、危害严重的产品应依规定暂停、禁止该产品进口。

（二）关于美对我国农产品不公平技术性贸易壁垒

一是强化公共服务方面，构建针对主要农产品出口市场的实时技术性贸易壁垒跟踪分析预警平台，同时与地方农业农村部门合作建立企业技术性贸易壁垒反馈机制，及时发现最新问题，掌握第一手信息。

二是具体壁垒应对方面，积极通过 WTO 通报评议、双边磋商、SPS 例会特别贸易关注、WTO 争端解决等途径及时应对技术性贸易壁垒，维护国内产业和企业权益。

三是企业能力提升方面，系统开展针对出口企业，尤其是中小企业的技术性贸易壁垒知识普及、应对培训和信息宣传。

（李婷，2020 年第 9 期）

俄乌冲突对我国农产品贸易的影响

2022年2月24日，俄罗斯和乌克兰爆发军事冲突，引起国际社会高度关注。俄乌两国是我国重要农产品贸易伙伴，当前乌农产品出口受阻，导致我国玉米、大麦、葵油葵粕等进口面临阶段性供应减少、价格上涨、不确定性增加等多重风险。需加强分析研判，提出应对预案，确保国内重要农产品稳定供给。

一、乌克兰和俄罗斯是世界第二大和第三大谷物出口国，军事冲突将影响全球粮食价格和贸易格局

UNComtrade数据库显示，2020年乌克兰谷物出口量5 132万吨，占世界10.8%；其中大麦居世界第二、玉米第四、小麦第五，出口量分别为505万吨、2 795万吨、1 806万吨，主要出口中国、埃及和印度尼西亚等国。俄罗斯谷物出口量4 487万吨，占世界9.4%；其中小麦居世界第一、大麦第三、玉米第九，出口量分别为3 727万吨、496万吨、229万吨，主要出口土耳其、埃及和沙特阿拉伯等国。

俄乌两国也是世界重要油籽和植物油出口国。2020年乌克兰油籽和植物油出口量分别为444万吨和731万吨，占世界出口总量的1.9%和8.2%，主要是葵花籽和葵油。俄罗斯油籽和植物油出口量分别为395万吨和456万吨，占世界1.7%和5.1%，主要是葵花籽、葵油、菜油和豆油。

冲突已导致乌农产品出口停滞，若局势持续升级，将造成全球谷物供给偏紧、价格上涨，国际粮食安全形势恶化。随着多国宣布对俄实施制裁，俄农产品和化肥出口也将受到影响，其主要进口国需另寻来源，全球贸易格局将发生变化。

二、乌克兰是我国玉米、大麦、葵粕等饲用作物和葵油的主要进口来源国，进口替代性强，短期进口受阻对我国影响不大

2021年我国自乌农产品进口52.4亿美元，主要是谷物和油脂油粕。谷物

进口 1 460 万吨，其中玉米 824 万吨，占我国玉米进口总量的 29%；大麦 321 万吨，占比 25.7%。自乌植物油进口以葵油为主，2021 年进口 89 万吨，占我国葵油进口总量的 69%；另进口葵粕 200 万吨，占比 88%。

自乌进口的主要产品均有较强替代性。对于饲用谷物，由于上年采购的美玉米还有 853 万吨尚未装运，随着美玉米集中到港，短期内乌玉米断供可由美玉米替代，中长期可由俄小麦替代；油籽、油粕可加大自巴西、美国、阿根廷等大豆进口替代。

三、俄罗斯是我国第五大植物油进口来源国，谷物、油料油脂等进口将大幅增加

2021 年我国自俄农产品进口 42.9 亿美元，主要是植物油、大豆和谷物。植物油进口 88 万吨，其中葵油、菜油和豆油进口量分别为 36 万吨、34 万吨和 16 万吨，占葵油、菜油和豆油进口总量的比重为 28.3%、15.8% 和 14%。大豆进口 55 万吨，占我国大豆进口总量的比例不足 1%，但占非转基因大豆进口量的一半。小麦、玉米和大麦进口均在 10 万吨左右。

2022 年 2 月 24 日，中国海关总署发布公告称，根据《俄罗斯输华小麦植物检疫要求议定书》补充条款，允许俄罗斯全境小麦进口。俄谷物出口商联盟表示，将从 2022/2023 年度开始对华大规模出口谷物。未来我国将继续加大对俄农产品开放力度，自俄油料油脂及畜产品进口也将大幅增加。

四、俄乌冲突对我国农产品贸易影响集中体现在阶段性供给减少、价格上涨、不确定性增加以及在乌中资农企风险上升等方面

一是供应链受创，自乌进口受阻。冲突爆发后，乌宣布全境进入战时状态，农产品供应链受到严重冲击。国内运输方面，铁路货运服务已暂停；为减少中途弃货风险，物流公司陆续解散卡车司机。国际海运方面，俄乌两国谷物出口港所在的黑海区域成为高危地带，嘉吉等公司的商用船接连遭遇袭击，乌已暂停港口商业航运。当前正值乌谷物出口旺季，月出口 500 万～600 万吨，其中玉米约 450 万吨。基于过去三年我国自乌进口均值，若乌暂停出口一个月，我国二季度玉米供应预计减少 100 万～170 万吨，大麦减少 5 万～15 万吨，葵油减少 18 万～30 万吨，葵粕减少 18 万～25 万吨。

二是国际价格上涨，向国内市场传导。在世界大宗农产品供需紧平衡格局

下，俄乌冲突动摇市场预期，刺激谷物和植物油价格快速上涨。24 日，芝加哥期货市场（CBOT）小麦、玉米和豆油每吨达 355 美元、270 美元和 1 583 美元，较前日分别上涨 5.6%、1% 和 1.8%。国内小麦、玉米和豆油价格也连续几天上涨，东北多家企业上调玉米收购价，涨幅在每吨 10～30 元。当前国际粮食价格已达到近十年高位，后期仍有上涨动力，将在一定程度上影响国内市场稳定运行，使宏观调控压力增大。

三是国际市场不确定性增加，自俄进口大幅增加。俄乌农产品出口受限造成供应缺口，需加大自其他国家进口补充。短期内乌谷物和油脂供应减少影响基本可控，但若冲突余波持续至 4 月初春耕，造成 2022/2023 年度乌玉米、大麦、葵花籽等作物大幅减产、出口下降，将引发粮食国际贸易格局改变。随着多国对俄进行制裁，俄农产品出口将更多转向中国。目前，美国、欧盟、日本、英国、加拿大和澳大利亚等 30 多个国家和地区已经先后宣布了针对俄罗斯的制裁举措，2021 年俄对上述国家和地区出口农产品 63.3 亿美元，占俄农产品出口总额的 1/5。

四是被迫停工停产，中资农企利益受损。俄乌是我国农业全球布局的重点区域，是农企"走出去"的主要目的地。截至 2020 年底，中国对俄罗斯农业投资存量为 5.8 亿美元，在俄直接投资的农企 59 家，涉及种植业的 40 家。中粮集团是乌前三大粮商、第二大植物油出口商，受冲突影响，中粮集团在乌所有项目已暂停运营。

五、后期需加强对局势的追踪研判，制定多元化进口方案，全力保障国内重要农产品供应和市场稳定运行

俄乌冲突前景尚不明朗，我国需密切关注局势发展，一方面牢牢守住国家粮食安全底线，以国内粮食稳产保供的稳定性来应对外部环境的不确定性；另一方面积极谋划玉米、大麦、葵油葵粕等产品进口预案，做到控风险、有备手。

一是加强对供应链全环节监测。用好农业外交官渠道，加强一手信息搜集，运用遥感、海运大数据等技术手段，对俄乌两国春耕准备、内陆运输、港口装卸、出口政策等供应链关键环节进行全方位监测，加强重点品种国际供需和价格走势的前瞻性研判，及时报送预警信息。

二是有针对性地推动进口替代。及时对俄乌冲突已造成及未来可能造成的影响展开分析研判，会同发改委、商务部和海关总署等有关部门制定玉米、大麦及葵油葵粕等进口国别替代方案，扩大自巴西、阿根廷、俄罗斯等国玉米、

大豆、豆粕、小麦等进口。加强公共信息发布，鼓励企业积极入市锁定货源，充实市场应急调控能力。

三是着力稳定国内市场预期。 紧盯国内的谷物和油料生产、市场供需形势和价格走势，着力稳定市场预期，坚决打击投机炒作，加强储备调控，推进油粕阶段性供应减少时的品种替代，避免国际农产品价格上涨向国内传导。

四是加大对在乌中资农企的支持。 加强与在乌投资农企的联系，为其恢复生产经营提供必要协助，研究开辟粮食回运绿色通道，提高检验检疫、物流通关便利化水平，尽可能减少"走出去"中资农企损失。

（吴薇、孙玥、郭浩成、刘丽佳，2022 年第 4 期）

欧越自贸区对我国农产品出口的影响

2020 年 8 月 1 日，欧盟—越南自由贸易协定（以下简称欧越自贸协定）生效，越南由此成为亚太地区首个与欧盟建立双边自贸区的新兴市场国家。欧盟和越南均为我国农产品重要贸易伙伴，我国与越南在中国—东盟自贸区下已互相开放了农产品市场，而与欧盟尚未开展自贸区谈判。由于中越部分农产品对欧出口存在竞争关系，欧越自贸区对我国农产品出口和相关产业的潜在影响不容忽视。

一、欧越自贸区农产品市场开放水平较高

（一）欧盟农产品 96％的税目免税

此前越南部分农产品输欧已享受比 WTO 最惠国税率更优惠的普惠制税率，欧越自贸协定生效后，欧盟对来自越南的农产品进口关税进一步削减，农产品 96％的税目将实现零关税。

咖啡、胡椒、腰果等主要进口产品维持零关税。欧盟对占农产品总税目数 16％的 421 个农产品税目维持零关税，其中包括咖啡、胡椒、腰果等主要自越进口品种，相关产品进口额超过欧盟自越农产品进口总额一半。

牛肉、猪肉、乳品、多数水产品及多数果蔬立即取消关税。协定生效后，欧盟立即取消占农产品总税目数 56％的 1 423 个农产品税目的进口关税，基本覆盖了自越进口较多的虾类、贝类、冻墨鱼及鱿鱼、冻鳕鱼鱼片等水产品及大部分畜产品。

巴沙鱼、罗非鱼、禽肉、碎米、可可制品、面包糕点、烟草等采取 4～8 年过渡期取消关税。协定生效后欧盟将经过 4～8 年过渡期逐步取消占农产品总税目数 23％的 612 个农产品税目的进口关税，产品包括自越进口较多的巴沙鱼、鱼肉馅面食、面包糕点饼干及进口关税高达 500％的烟草等。

对实施进口最低准入价管理的果蔬产品部分降税。欧盟对苹果、柑橘、猕猴桃、生菜、桃、梨、草莓、甜椒、鲜食葡萄和番茄等农产品实行进口最低准入价管理（Entry Price），即根据相关产品进口价格情况确定最低准入价并征收关税。协定生效后，相关产品将免于征收从价税，从量税部分将从 2020 年

的 100 欧元/吨逐渐降至 2025 年的 75 欧元/吨并维持该水平。

对部分关税配额管理产品增设国别配额。欧盟对自越进口的稻谷和大米、鱼糜、金枪鱼制品、禽蛋、大蒜、甜玉米、木薯淀粉、糖类产品、蘑菇、乙醇、糊精和改性淀粉增设了国别关税配额，配额内进口均为零关税。其中，稻谷和大米年配额量 8 万吨，3 万吨为香米。

（二）越南农产品 98% 的税目免税

越农产品 98% 的税目将在最长 16 年过渡期后对欧盟实现零关税，高于其在中国—东盟自贸区下农产品对我国 92% 免税的开放水平。协定生效后越将在 11 年内逐步对禽蛋、食糖、烟草原料等 WTO 关税配额管理产品取消欧盟产品的配额内进口关税，配额外进口关税不变。

二、欧越自贸区对我国农产品出口的影响

欧盟和越南是我国重要农产品出口市场，分列第二和第四位。2019 年，我国农产品对欧盟出口 94.1 亿美元，对越出口 54.5 亿美元。欧越农产品贸易规模明显小于中欧，2019 年越南对欧盟农产品出口 40 亿美元，欧盟对越农产品出口 14 亿美元。

（一）我国水产品输欧将遭越南较大竞争

根据欧越自贸协定，除增设国别配额的鱼糜制品和金枪鱼制品外，欧盟绝大多数水产品将在最长 8 年过渡期后对越取消关税。水产品是我国对欧盟出口第一大农产品，2019 年出口额 26.7 亿美元，约为我国对欧农产品出口三成，占我国水产品出口总额的 13%，其中 2/3 是冻鱼片，1/3 主要是贝类和软体动物、虾类等。欧盟也是越南水产品主要出口市场，2019 年越对欧盟出口水产品 13 亿美元，占对欧盟农产品出口总额的 1/3。越南输欧水产品中一半以上是虾类，其余是冻鱼和冻鱼片，与我国对欧水产品出口结构相似，中越存在直接竞争关系。协定生效后，随着欧盟对越关税削减，越南对欧盟水产品出口成本相应降低，我国水产出口企业在欧盟市场竞争力优势将显著削弱。在当前我国水产业生产成本不断攀升，水产品出口乏力、顺差急剧缩窄形势下，我国具重要出口利益的欧盟市场将被越分蚀，我国水产出口所面临的贸易环境更加艰难。

我国畜产品、蔬菜及食用菌等其他主要输欧产品与越南结构差异较大，目前直接竞争关系不明显，但不排除未来越南大力发展相关品种，从而与我国产品形成竞争的可能性。

（二）将刺激我国相关产业向越转移

根据欧越自贸协定，越南出口欧盟享受零关税的农产品多数需满足"完全获得"原产地条件，即只有越南本土生产的农产品，或是从欧盟进口后在越南再加工的农产品才可享受欧盟优惠待遇，这基本排除了我国农产品通过在越南加工增值享受欧盟予越零关税待遇的可能性。由于越生产要素成本较低，水产品来料加工、淡水鱼养殖、食用菌生产加工等劳动密集型产业有更大盈利空间。近年已有一些中国农业企业赴越投资，欧盟对越降税后，这些产业在越生产出口优势将进一步显现，可能导致我国相关产业加快向越转移。

（三）对我国输越农产品影响相对较小

目前我国对越主要出口蔬菜和水果，欧盟对越主要出口肉类产品、酒类和乳制品，产品结构差异大，且由于中国—东盟自贸区下我国相关产品也已享受越南关税优惠，因而受欧越自贸协定降税影响较小。

三、下一步应对考虑

一是积极推进高质量自贸区建设。 当前全球贸易保护主义抬头，多边贸易体制受到冲击，积极与欧盟等我国主要农产品贸易伙伴开展沟通协商，探讨达成更为紧密、互惠互利的经贸安排，不仅有助于加强我国与相关伙伴国双边经贸关系，维护全球自由贸易体制，更有助于为企业营造良好外部贸易条件。

二是加大优势农产品出口促进力度。 加强信息引导，继续做好国际农产品市场信息采集、分析、研判和发布工作，指导农产品进出口企业巩固传统市场和开拓新兴市场；强化出口促进工作，用好各类国际展会和跨境电商平台，为农业企业搭建更顺畅的贸易对接渠道。

三是建立完善农业产业链运行监测预警机制。 依托现有农业产业监测预警体系，进一步加强全产业链运行监测预警，警惕农业产业链外迁风险，做好风险评估和应对政策储备。

四是加大农业"走出去"支持力度。 推进农业贸易投资一体化进程，引导企业加速融入以国内大循环为主体、国内国际双循环相互促进的新发展格局；加强精准施策，结合农业企业实际需求，研究推动出台相应支持政策，包括进一步减税降费、加大财政和信贷支持等，为企业"走出去"营造良好内部政策环境。

（刘芳菲、韩振国，2020 年第 14 期）

国际农产品出口促进专项支持
政策研究及经验借鉴

农产品出口是实现产业提质增效和转型升级、促进农民增收和乡村产业振兴的重要途径。在国际竞争加剧、中美贸易摩擦和新冠肺炎疫情等因素影响下，近年来我国农产品出口增速放缓，2019年和2020年两连降，出口企业开拓海外市场困难重重。2022年，国际形势更趋复杂，出口面临很大不确定性，亟须政策支持。为此，我们梳理了美欧日最新农业贸促政策措施，发现通过出口促进专项支持优势农产品进入目标市场，是各国扩大农产品出口的"必备武器"，这为现阶段我国开展农产品出口促进提供了有益借鉴。

一、美国：未来十年每年出口促进专项资金2.5亿美元，主要支持在亚太和欧洲的市场开拓

美国是世界农产品生产和贸易大国，2021年农产品出口额1 770亿美元，同比大幅增长18%，创历史新高，从单一国家看位居全球首位。其农产品出口促进专项主要为市场开发计划（MDP），根据美国国会办公室最新预算，未来10年每年约2.5亿美元（合16亿元人民币，约为2021年出口额的0.13%），由美国农业部海外农业服务局进行管理，包括五方面内容。

（一）市场准入计划（MAP）

用于支持某一农产品品种或某一农产品品牌开拓亚太和欧洲市场，包括海外市场调研、参加国际涉农展会和海外营销促销等。每年预算2亿美元，对一般产品，支持比例不超促销成本的九成；对品牌产品，支持比例为促销成本的五成。

（二）海外市场开发计划（FMD）

主要用于减少外国进口限制或扩大出口增长的长期机会，如消除进入新市场的障碍、识别产品新市场和新用途等。每年预算3 500万美元，其中八成以上用于促进谷物、油籽、棉花和畜产品出口，支持比例为促销成本的五成。

（三）新兴市场计划（EMP）

支持出口商开展新兴市场可行性研究、市场调研和专业培训等活动，每年预算 800 万美元，须覆盖最少三个新兴市场。

（四）特定作物出口技术援助（TASC）

用于应对特定产品出口过程中遇到的动植物卫生、检验检疫和技术障碍等壁垒，每年预算 800 万美元。特定产品包括除小麦、饲料谷物、油料、棉花、大米、花生、食糖和烟草外的所有作物产品。

（五）优质样品计划（QSP）

用于向海外市场潜在进口商提供产品样本，每年预算 250 万美元。

二、欧盟：年度出口促进专项资金近 9 000 万欧元，重点支持面向亚洲和北美等目标市场进行产品宣传

欧盟农产品"大进大出"，2021 年出口额 1 969 亿欧元，同比增长 6.8%。欧盟年度工作计划（AWP）明确当年农产品出口支持重点，包括单一计划（由同一个成员国的一个或多个组织发起的计划）和复合计划（由不同成员国的一个组织联盟或多个组织联盟发起的计划）。2022 年 AWP 预算 8 960 万欧元（6.3 亿元人民币，约为 2021 年出口额的 0.05%），其中用于单一计划和复合计划的预算合计为 8 010 万欧元，其余 950 万欧元预算由欧盟直接管理。除欧盟层面的出口促进资金外，各成员国还有针对本国农产品的出口促进资金。

（一）主要支持产品推介宣传

欧盟支持除烟草外的所有初级农产品，如啤酒、巧克力、饼干和意面等加工品以及获地理标志的烈酒等在第三国的信息宣传。相关出口企业、生产者和贸易组织开展国际交流、在目标市场开展广告宣传、增设销售点、参加展会和研讨会等可获得一定比例的经费支持。2022 年欧盟 AWP 复合计划为在目标市场开展宣传预算为 2 520 万欧元，用于提高对欧盟食品安全、可追溯性、真实性、标签、营养健康、动物福利和环境保护等方面的认识。

（二）重点开拓亚洲和北美市场

欧盟委员会对推广效果的评估显示，2016—2019 年间，欧盟葡萄酒在美

国和加拿大的市场份额增加 17%、平均售价提高 8%；猪肉在中国认知度增加 18%、质量标识认可度提高 36%。2022 年资金分配仍然优先考虑具有高增长潜力的市场，AWP 单一计划中，在亚洲、北美和其他地区的促销预算分别为 1 630 万欧元、830 万欧元和 1 230 万欧元。

（三）加大对有机食品支持力度

为促进绿色和可持续发展，2022 年单一计划和复合计划分别拨款 500 万欧元和 1 300 万欧元，用于推广欧盟质量计划下的有机产品。

此外，AWP 中单列了 950 万欧元预算由欧盟直管，用于在非欧盟国家举办农产品贸易博览会、组织商业代表团访问、举办研讨会、提供技术支持服务、应对严重市场波动、开发沟通工具和开展政策评估等。

三、日本：年度出口促进专项资金超过 100 亿日元，主要通过支持政府一体化开拓美欧和亚洲市场

日本是农产品净进口国，但仍大力促进农产品出口。2021 年日本农林水产品出口连续 9 年增长，首次突破 1 万亿日元，达 1.24 万亿日元（折合 686 亿元人民币），同比大幅增长 25.6%。《农林水产品及食品出口促进法》和《扩大农林水产品及食品出口执行战略》确定了当前日本农产品出口促进政策框架，2022 年农林水产省农产品出口促进总预算 108 亿日元（折合 5.5 亿元人民币，约为出口额的 0.87%）。

（一）政府一体化克服出口障碍

2022 年预算 59 亿日元。一是部际合作。成立农林水产品及食品出口总部，由农林水产大臣任部长，总务、外务、财务、厚生劳动、经济产业和国土交通大臣任成员。由该总部牵头制定出口促进政策、协调与出口相关的行政工作以及制定出口促进执行计划，统一开展农业对外谈判。二是推进出口便利化。用于增强人员配备、增设检查机器和增加出口证明书发行场所等。

（二）促进优势农产品出口

2022 年预算 35 亿日元。一是编制出口"重点产品"清单。认定包括牛肉、大米、水果和鰤鱼等 28 个产品在内的在海外具有优势的"重点产品"，拟定每个产品扩大出口的目标市场、目标额和有关措施，编制出口"重点产品"的日本协会/企业名录。二是建立出口促进平台。与日本驻外使领馆和日本贸

易振兴机构（JETRO）海外办事处合作，计划到 2023 年在美国、欧盟和泰国等 8 个国家和地区建立出口促进平台。加强"重点产品"出口协会/企业与 JETRO 和日本食品海外推广中心（致力于在海外推广日本农林水产品和食品品牌）的联动，以拓展销路。

（三）支持企业开拓海外市场

2022 年预算 14 亿日元。一是提供风险资金。为符合条件的经营者提供长期运营资金，协助减轻其在金融机构的担保贷款负担。二是构建高效物流。灵活利用日本港口和机场降低物流成本，加强冷链物流建设，改善冷藏和冷冻储藏设施。出台针对"重点产品"出口协会/企业的高效物流和品质保障制度。三是补贴出口加工设备。为企业购买用于出口的加工设备提供资金支持和税收减免。四是支持海外扩张。为企业成立海外分公司和开展投资提供资金支持，开展海外法律法规和商业管理等方面的咨询服务。

四、借鉴国际经验，从设专项、联部委、建平台和强合作等方面促进我国农产品出口

入世以来，我国农产品出口促进体系不断完善，初步形成了部省联动的框架。在支持优势农产品"走出去"方面，农业农村部分别在"农产品营销促销"专项和"农业国际交流合作"专项中安排资金用于支持企业参加境外展等活动，2016 年最高时超过 1 000 万元。2020 年以来，由于疫情影响和预算削减，目前几无相关资金安排。在支持企业开拓海外市场方面，农业农村部于 2021 年认证了首批 115 个农业国际贸易高质量发展基地（以下简称"国贸基地"），在"农业国际交流合作"专项中安排约 500 万元资金，支持国贸基地开展国际认证、国际标准应用、国际品牌培育、产业链价值链提升和国际展示营销等活动。总体看，我国中央层面的出口促进资金规模与发达国家差距大，在出口促进体系建设和支持手段等方面存在诸多不足。为此，我国需借鉴发达国家经验，加强对出口促进的支持力度，多措并举助推优势农产品进入海外市场，充分发挥出口带动农民增收和乡村产业振兴的作用。

（一）设立聚焦优势产品的出口促进专项资金

一是保持适当的资金规模。2021 年我国农产品出口额 844 亿美元，参照美日欧专项资金与出口额之比最低的欧盟（支持率 0.05%）来计算，我国出口促进专项资金规模也不应低于 2.5 亿元。二是明确重点支持产品。深入研究

现阶段我国具有出口竞争力的农产品，制定优势产品和目标市场清单。三是明确重点支持企业。根据清单打造出口导向的企业集群，以"十四五"期间国贸基地建设为抓手，认证一批产业集聚度高、生产标准高、出口附加值高、品牌认可度高和综合服务水平高的出口骨干企业，发挥"抱团出口"的规模效应。四是明确支持范围。包括海外市场开拓、出口加工设备购置、建立境外展示中心和开展海外促销等。

（二）建设部际协同的农业贸易促进工作体系

目前我国农产品出口促进职能分散在海关、商务、财政和发改等多个部委，未能有效形成合力，促进效果有待提升。一是在国家层面对农产品出口促进工作进行系统部署，推动国务院出台关于农产品出口促进的纲领性政策文件，设定短期和长期农产品出口额目标。二是将农产品出口促进纳入"农业对外合作部际联席会议"框架，强化部际会商，研究制定农产品出口促进政策措施、规划年度重点行动，协同推进市场准入谈判、解决出口中遇到的贸易壁垒等问题。

（三）打造国内外联动的农产品出口促进平台

打造国内以现有农业贸易促进体系为主体，国外以驻外使领馆、中国国际贸易促进委员会驻外代表处和各国中国工商会为依托的高质量农业贸易促进平台。农业外交官要加强对驻在国农业法律法规和动植物检疫标准的跟踪了解，协助推动我国农产品"走出去"。平台要加强与出口企业的对接，提供国外市场动态、商业法律法规咨询和展会信息，支持企业参加境内外优质涉农展，助力我国农产品顺利出海。

（四）推进目标多元的高质量农业贸易

大力促进出口市场多元化，深度挖掘美欧日和东南亚等传统市场，积极拓展南亚、中亚和东欧等新兴市场。强化贸易投资一体化，由"产品出口"带动"服务出口"和农业"走出去"。一方面促进农业服务贸易发展，在全球范围内塑造农业服务贸易的模式、规则、标准等话语体系，带动我国涉农产品出口。另一方面加强在"一带一路"沿线国家投资布局，促进区域和双边农业贸易合作，为我国农产品出口营造良好外部环境。

（吴薇、孙玥、郭浩成、刘武兵、王岫嵩、封岩，2022 年第 7 期）

国 别 研 究

美国新一届政府农业农村发展政策动向

随着拜登宣布胜选，美国新一届政府的政策走向成为各方关注的焦点。从竞选纲领及公开言论看，美国政府可能将更加重视多边主义，强调缺少战略规划的贸易战损害农民利益，声称将在对华贸易上重建规则。在农业农村领域，拜登强调科技和投资的作用，承诺支持新农户和中小农户，关注生物燃料和清洁能源对气候变化的影响。了解美国新一届政府农业农村基本政策走向，对于做好中美农业合作和农产品贸易工作意义重大。

一、农业生产关注新农民、中小农户及绿色发展

（一）对新农民给予资金扶持

美国政府用于支持农业农村发展的政策一般有市场便利化计划、联邦作物保险、价格和收入支持政策、生态保护项目、研发项目等，其中农民可在联邦作物保险、价格和收入支持政策、生态保护三个项目上获得直接补贴。拜登政府未对农业部门财政预算提出具体计划，其政策方针侧重于低收入和中产阶级家庭，主张为新农民提供小额贷款计划，将奥巴马政府期间针对新农户和新一代创业农户的小额贷款最高额度提高 1 倍至 10 万美元；建立农田信托基金，支持低收入新农民购买农田，帮助将这些农场与偏远社区的食品生产企业建立联系，维持多样化的供应链；增加对美国农业部农场所有权和经营贷款的资助，这些贷款主要针对那些在家庭农场长大需要低成本资金建设新农场的农民。

（二）促进中小型农户发展

一是帮助中小农户建立区域食品供应链，向政府、学校、医院提供新鲜农

产品和其他产品。该举措将允许这些农民自行协商价格，并帮助农民销售特色产品以增加收入。二是加强反托拉斯执法。鉴于种子、农资、销售等市场垄断程度加深损害了农民利益，拜登政府将通过加强《谢尔曼法》《克莱顿反托拉斯法》《包装商和牲畜饲养场法》等执行力度，确保中小农户能够在市场进行公平竞争，并要求大型企业遵守规则。

（三）推进"社区支持农业"计划

社区支持农业（Community Support Agriculture，简称 CSA）概念在 20 世纪 70 年代起源于瑞士并在日本兴起。当时的消费者为了寻找安全的食物，与那些希望建立稳定客源的农民携手建立经济合作关系。拜登政府将支持和推动社区农贸市场建设，将潜在的农民与土地所有者联系起来，最大限度地利用闲置土地，让农民与消费者直接对接以降低农业生产经营风险并实现利益共享。

（四）支持农业绿色发展

拜登认为应加大对农民保护环境的支持力度，使美国成为世界上首个实现农业净零排放的国家。具体而言，拜登政府将大幅强化由前参议院农业委员会主席汤姆·哈金创建的"保护管理计划"（Conservation Stewardship Program），根据农民保护环境（包括碳封存）的程度支付农业补贴。除了为该计划寻求全额联邦资金外，拜登还将确保有意促进温室气体减排的企业、个人和基金会通过购买农民的固碳指标，达到抵消其碳排放量的目的。这不仅有助于应对气候变化、提高土地生产力，还能提高农民收入，并在调查、测量、认证和量化保护成果等领域创造新的就业。

二、农业贸易政策支持多边主义和长期稳定

（一）支持多边主义

尽管拜登"回归"全球机制可能主要是为了维持美国在制定国际规则方面的主导作用，但此举也可能为全球体系框架下的建设性谈判与合作带来一些空间。同时其更加开放的贸易政策可能在总体上缓解美国和全球贸易阻力，提振全球经济。拜登在 7 月 11 日关于全面外交政策的演讲中批评特朗普未发挥全球领导作用，呼吁再次致力于全球多边外交。他反对特朗普摒弃国际协议、贬低北约等国际组织的政策，倡议重新接受多边主义，并承诺改变现有对外政策，声称将带领美国重新加入世界卫生组织和巴黎气候协定；胜选后的第一年

将主办世界民主国家峰会，"让加强民主的议题重回世界舞台"。

（二）寻求更明智的贸易政策

特朗普在缺乏战略支持情况下推行反复无常的破坏性贸易战，使得美国农牧场主和渔民付出沉重代价，2019 年农场破产数量猛增 20%。拜登认为美国农产品出口至关重要，可支撑数十万个工作岗位和稳定农场收入。拜登政府将会把强有力的贸易执法与特朗普的自毁策略相区别，帮助农民更有效地参与国际竞争。拜登并未明确表示要结束与中国的贸易战，但表示将更有策略地使用关税手段来对抗中国，认为削弱中国对制造业的补贴、降低中国企业价格竞争力是贸易争端的核心所在。

三、农业资源环境注重生物燃料、清洁能源和生态保护

（一）促进乙醇和下一代生物燃料发展

2007 年美国能源独立和安全法案规定了可再生燃料标准（RFS），即须混入汽车燃料中的生物燃料数量，其在农产品供应偏紧时将推高玉米和大豆价格，在有利于玉米和大豆生产者的同时，也将提高畜牧养殖者的生产成本。拜登认为可再生燃料对美国农村的未来以及应对气候变化至关重要，他将实施以下政策：一是投资开发下一代生物燃料；二是研究开发纤维素生物燃料，将草和作物残渣等转化为燃料以保护水土资源；三是未来利用政府采购推动可再生能源、乙醇和其他生物燃料发展。

（二）加速清洁能源发展

2020 年 7 月，拜登在公布的一项气候和能源修订计划中提出将为减少温室气体排放设定更早的期限，即到 2035 年消除美国电力行业的碳污染。新计划将在 4 年内耗资 2 万亿美元，高于他此前提出的 10 年 1.7 万亿美元计划。其中，40% 的清洁能源资金将专门投放到贫困社区。此外，拜登还计划缩小农村地区因污染和气候变化与城市拉开的差距，并利用清洁能源保护公共土地、增强社区复原力。

（三）注重生态保护和恢复

拜登认为气候变化引发的野火和极端天气已威胁到森林及其提供的正外部性。森林可以改善气候条件，为当地提供良好就业机会，为许多物种提供重要栖息地，且是数千万美国人清洁饮用水的来源地。拜登计划保护和恢复森林和

湿地，保护清洁水源，使其发挥更大的防洪作用。

四、农业科研重视新技术、新品种和成果转化

（一）扩大政府对公益性研发的资助，降低农民使用新技术的成本

美国农业高度发达，很大程度上得益于政府对农业研发的高额投资。但近年来农场更倾向于依赖政府提供的直接补贴，忽视利用新技术提高农业生产率，导致政府农业科研投入持续缩减。拜登认为农民需要在保护水土资源的基础上使用新技术来参与国际市场竞争。他明确支持扩大政府对农业部门的项目拨款，通过国家粮食和农业研究所（NIFA）开展可持续农业研究和教育计划管理，向农民提供种子等新技术，而非让私营企业利用专利获取更多利润。

（二）发展生物经济产业，将尖端制造业的就业机会带回美国乡村

拜登将在全国各地创建低碳制造业，即运用农业生产的各个环节来制造材料、织物和纤维等加工品，如玉米产业从种植到肥料均可为农民创造新收入来源。这一战略的关键是联邦政府将科研院所、孵化器、制造商、工会、地方政府联系起来，为其提供大量资金用于部署地方计划。

五、农村地区重点改善医疗、教育和贫困

（一）扩大农村地区医疗卫生服务

美国联邦支持不足导致很多农村医院裁员或关闭，不仅使农村地区失去大量就业机会，在新冠疫情蔓延中还造成农村地区的病人到最近的医院要比城市多走一倍路的情况，维持农村医院运营对挽救生命至关重要。拜登将进一步完善《平价医疗法案》，确保农村医院预算不被削减。同时还将支持"拯救农村医院法案"；在农村地区建立新的医疗诊所并部署远程医疗；为农村医疗服务者提供必要资金、增强灵活性，并满足农村社区的独特需求；扩大医疗保险覆盖面，降低包括保费和处方药在内的医疗费用等。

（二）支持农村地区教育

拜登认识到社区学院和大学为农村地区提供了很多教育机会，对提高就业率发挥了重要作用，他将建立创新的竞争性捐赠基金并提供额外预算用以支持农村地区教育，缩小民族、种族和收入差距；改善低收入学生、有色人种学生

及残疾学生的学习条件。

（三）帮助农村地区获得更多联邦资金

造成美国地区间发展不平衡的原因之一是获得联邦资金和技术援助不平等，拜登希望从根本上改变联邦政府与农村地区的互动方式，将以与农村社区合作的方式帮助农民充分利用联邦资源创造的就业机会，使农村地区贫困家庭有机会成为中产阶级。一是成立白宫"行动力量"（Strike Force），与贫困农村社区合作帮助他们获得联邦资源。二是应用国会议员吉姆·克莱伯恩的"10-20-30计划"（即在未来30年中从联邦财政安排至少10％资金给贫困率20％以上的社区），确保联邦资金流向贫困地区。

（杨静、柳苏芸、孙玥、马钰博，2020年第15期）

美国农产品出口支持政策体系
及对我国的启示

美国是世界农产品生产和贸易大国、强国，农产品出口多年位居全球首位。美国生产的近 80％ 的棉花和一半以上的大豆、小麦销往海外，农产品出口对其农业和农民至关重要。美国农产品出口优势不仅得益于其国内生产能力，也与其较为完备的出口支持政策体系密不可分。借鉴美国构建灵活务实覆盖全部产品和全产业链的农业贸易促进支持政策体系，对于我国在双循环新发展格局下做好农产品贸易工作有着重要现实意义。

一、美国农产品出口支持项目主要由农业贸易促进和出口信贷担保组成

20 世纪 50 年代，美国农业部成立海外服务局，负责制定实施与农产品出口相关的法规和政策。2014 年农业法重组了美国农业部关于农产品出口促进的政府职能，新设一名负责农业贸易和海外事务的副部长。2018 年农业法又对农产品出口促进项目进行了整合。经过一系列调整，美国农业贸易促进政策架构日趋完善，现行农产品出口支持项目主要包括农业贸易促进和出口信贷担保两大类。

（一）农业贸易促进项目资金超过 2.5 亿美元

2018 年农业法将美国农业部各类出口促进项目进行整合，同时新设立了优先贸易基金。目前，农业贸易促进项目有 2.55 亿美元年度强制性预算授权，包括 6 个子项。

1. 市场准入计划（MAP）。 最初由 1978 年农业贸易法授权，由海外服务局管理，旨在帮助美国非营利性贸易团体和小企业开拓海外市场，参加市场调研、贸易展会、营销促销等海外营销和推广活动。该计划每年有 2 亿美元的强制性拨款，不受农业法案年度拨款限制，补贴额度可高达营销成本的 90％。但农业法案可以限制其适用产品，如规定自 1993 年起不得用于促进烟草出口。

2. 海外市场发展计划（FMDP）。 1955 年设立，主要用于资助行业协会等

组织促进大宗农产品出口，开展营销促销、技术援助、贸易服务和市场研究等活动。该计划每年拨款 3 450 万美元，2020 年下拨资金 2 700 万美元，其中72％用于促进谷物、油籽和棉花出口。

3. 特定作物技术援助（TASC）。主要用于消除美国特定作物在出口过程中遇到的动植物卫生、检验检疫和技术障碍等壁垒，项目资金可用于参加研讨会、考察调研、病虫害研究和植物健康预检。特定作物为除小麦、饲料谷物、油料、棉花、大米、花生、糖和烟草外的所有作物产品，技术援助适用范围包括 SPS/TBT 在内所有类型的非关税贸易壁垒。该项目年拨款额为 900 万美元，2019 年实际拨款 420 万美元。

4. 新兴市场计划（EMP）。主要是向出口商提供援助资金参加新兴市场可行性研究和评估、定向访问、专门培训和商业研讨会等活动。该计划每年有800 万美元强制性拨款，且要求每年须覆盖最少三个新兴市场。

5. 质量样本计划（QSP）。由《商品信贷公司宪章法》授权，旨在协助美国贸易组织向海外市场潜在进口商提供产品样本，用于开发新市场或推广新用途。补贴对象是购买美国食品和纤维产品的海外加工企业。2018—2020 年该计划拨款额分别为 230 万美元、220 万美元和 110 万美元，受疫情影响 2020年拨款额大幅下降。

6. 优先贸易基金。由 2018 年农业法授权成立，主要用于稳定和开拓农产品海外市场，每年拨款额为 350 万美元，完全由农业部长授权。另外，其他出口促进计划资金结余部分也将归于优先贸易基金。

（二）出口信贷担保项目授权达 65 亿美元

该项目包括短期信贷担保计划和融资担保计划，美国商业金融机构向进口美国农产品的国家提供贷款担保，由商品信贷公司（CCC）承担外国贷款违约风险。

1. 短期信贷担保计划（GSM-102）。由商品信贷公司授信海外金融机构，向经美国农业部认定国家的海外买家，在购买美国食品和农产品（所有产品须完全在美国生产）时提供短期融资。该计划每年可向认定的海外金融机构和进口商提供最高 55 亿美元、长达 18 个月的信贷资金。2020 年担保总额为 22 亿美元，其中 86％为拉丁美洲国家，99％为谷物、大豆、面粉、豆粕和豆油等出口产品。

2. 融资担保计划（FGP）。为美国出口的商品和服务提供融资担保，主要用于新兴市场销售设施的建设和翻新。商品信贷公司每年有 10 亿美元的担保额度，可经农业部长批准，提供不超过 20 年的融资担保。其中，商品信贷公司优先支持海外农业部门私有化、新兴市场私营农场或合作社项目及非政府主体承担的项目。

二、美国农产品出口支持项目有效维护了其世界农业贸易强国地位

(一)美国农产品出口快速增长，出口额居全球首位

目前，美国农产品出口额占全球农产品出口总额的 1/10。2020 年美国农产品出口额 1 542 亿美元，较 2010 年增长 25％，较 2000 年增长 162％。

(二)美国农产品产量的 1/5 用于出口，粮棉油等多种产品出口位居世界前列

美国谷物、油籽等大宗产品占农产品出口总额的 1/3，占农产品出口总量的 70％。2020 年美国玉米、高粱、棉花和猪肉出口分别为 6 795 万吨、749 万吨、990 万吨和 330 万吨，分别占全球贸易量的 36％、79％、35％和 28％，居全球首位；大豆、豆油、牛肉和鸡肉出口分别为 6 205 万吨、113 万吨、134 万吨和 338 万吨，分别占全球贸易量的 36％、9％、12％和 29％，居全球第二或第三位。

(三)美国农产品出口遍布全球，对新兴市场出口大幅增长

美国农产品出口遍布全球 180 多个国家和地区，前 15 大市场占其全部市场份额的 80％。自贸区邻国加拿大、墨西哥以及亚洲新兴经济体是其主要目标市场，40％的产品出口到加拿大、墨西哥和中国。美国对东南亚、南亚、中美洲及北非等新兴市场出口大幅增长，2020 年分别为 136 亿美元、44 亿美元、44 亿美元和 29 亿美元，较 2016 年分别增长 19％、62％、12％和 66％。

三、对我国的启示

(一)依托农业贸易高质量发展基地建设，构建全方位多层次的农业贸易促进支持政策体系

美国构建了灵活务实覆盖全部产品、全产业链的农业贸易促进项目体系，产品类别覆盖高附加值产品、大宗农产品及特色小众产品，产业链囊括终端消费和中间加工环节，贸易便利化涵盖前期市场调研、出口过程中的技术壁垒解决、信贷担保等配套服务。除固定项目外每年还安排优先贸易发展基金用于新

增项目，确保了农业贸易促进的灵活性。当前我国农业贸易促进资金不足、手段单一，建议在开展农业贸易高质量发展基地建设的同时加大财政支持力度，构建全方位多层次的农业贸易促进支持体系。

（二）推进农产品进出口市场多元化，构建更加稳定可靠的全球供应链

新冠疫情叠加经贸摩擦导致全球贸易增速放缓，也对全球供应链造成冲击，各国都在考虑如何积极应对。美国国会最新研究报告认为，占其农产品出口 17％的中国正通过高质量种业建设及畜牧基因工程降低未来农产品进口依存度，应降低对单一市场的过度依赖，集中资源开拓东南亚和南亚市场。我国农产品进口市场也高度集中，应借鉴美国经验设立农产品新市场开拓专项，加强与"一带一路"沿线国家和地区农业贸易投资合作，积极开拓新市场，降低对美国等传统市场的过度依赖。

（三）积极参与多边贸易谈判与规则制定，避免少数发达国家强加新壁垒

以美国为首的部分发达国家在农产品生产贸易方面开始打环境牌、人权牌，并计划在 2021 年召开的 WTO 第 12 届部长会上提议对在生产过程中未能支付环境成本的产品征收额外的进口税。加拿大、欧盟和挪威已经采取相应认证，美国也在积极推动类似的环境友好认证、未使用强迫劳动认证计划。因此，在 WTO 谈判中，应坚持发展中成员的特殊与差别待遇，避免少数发达国家"政治操弄"对我国农产品贸易形成新壁垒。

（张明霞、柳苏芸，2021 年第 3 期）

美国农业部对国际展会
支持情况及对我国的启示

参加国际展会是促进农产品出口的重要支持手段。美国农业部（USDA）通过农业法案的制度安排，支持企业参加国际展会来巩固、开拓国际市场，市场规划清晰，支持资金庞大，服务方向明确，每年公布提供支持的国际展会名单，通过海外农业局（FAS）开展组织协调和服务工作。

一、2018—2020年美国农业部支持的国际展会情况

（一）展会数量

美国每年支持的在国内外举办的国际性展会超过60个。2018—2020年，美国每年以国家展团即组织美国馆形式参加的国际展会超过20个。同时，美国农业部对在美国境内举办的国际性展会设立了支持清单，2019年约有40个国内展会列入支持清单，企业可自行参展并获得费用支持。此外，企业还可根据农业部制定的国际展会标准提出清单外的新展会申请。

（二）展会分布

支持范围涵盖亚洲、欧洲、北美和大洋洲主要出口市场。美国对亚洲市场的关注日益加深，展会支持数量由2018年的12个增加到2020年的15个，占其支持的全球境外展总数的60％以上。主要分布在东亚的中国（包括中国香港）的展会5个、日本2个、韩国1个；东南亚的泰国、越南和印度尼西亚，实行动态调整；西亚的阿联酋2~3个。对欧洲市场的关注比较平稳。共支持4~5个展会，主要分布在法国、德国、比利时等国，占境外展支持总数的20％。在北美地区同时关注加拿大和本土市场，一般支持3个展会。在大洋洲支持参加澳大利亚国际食品展1个展会。值得注意的是，美国加大了对新兴市场的关注。2017年曾组团参加非洲食品与酒店用品展，但2018—2020年后调整。2018年首次将南美地区展会列入国家组团清单，支持了巴西超市用品展，2019年和2020年调整为智利国际食品及饮料博览会。

（三）展会类型

以综合展为主，对专业展的关注度提高。专业展会数量由 2018 年的 6 个增长到 2020 年的 8 个，在其境外展中占比提高到了 40％。专业展集中在食品配料、果蔬、水产和畜牧 4 个领域。其中食品配料展 2～4 个，果蔬展 2 个，畜牧业展 1～2 个，水产品展 1～2 个。值得注意的是，2020 年加大了对水产品和畜牧业的关注，由农业农村部贸促中心主办的中国国际渔业博览会列在美国国家展团名单中，畜牧领域增加了中东地区举办的畜牧展。

（四）参展企业

除本土国际性展会外，参与企业数量最多的海外展会是日本国际食品与饮料展览会（FOODEX Japan）和韩国首尔国际食品与酒店用品展（Seoul Food & Hotel），参展企业在 50 家左右，其余展会的参展企业在 20 家左右。从参展报告对部分绩效指标的总结看，境外展的企业组织体现"扶中（小）扶新"原则，将扩大出口企业总基数作为组织方向之一。中小企业在参展企业中的比例最低是 33％（香港果蔬展），最高为 83％（德国纽伦堡有机产品展）；参展企业中必须有新出口企业，在参与企业数量最多的日本和韩国展中，新出口企业达到了 1/4。

（五）组织方式

除组织国家馆外，FAS 还为参展企业提供营销推广、市场信息、后勤支持和现场协助等服务，如在韩国国际食品展上（Seoul Food & Hotel），美国肉类协会举办了美食烹饪比赛，邀请当地厨师就美国肉类食材进行创新厨艺比拼，有效推广了美国肉类在当地市场的运用。在香港食品饮料及酒店用品展会（Hofex）上，在 FAS 香港办公室的协助下，美国展团不仅在开展前实地考察了商超等重要流通渠道，还参加了当地研究机构举办的市场信息发布会搜集信息。Hofex 展会期间，美国展团举办了"美国食品日（U. S. Food Day)"，通过烹饪表演、品尝互动和贸易商招待宴会等活动，成功推介水产品、蛋类、牛肉和猪肉等产品，并帮助企业巩固与当地采购商的联系，争取更多的贸易伙伴。

（六）资金规模

从现有的公开数据看，农业法案规定每财年支持美国包括市场广告、公共关系、销售点演示、参加展览、市场研究和技术援助等农产品海外促销营销活动的市场准入项目（MAP）资金总额为 2 亿美元。美国农产品海外促销营销活动可能还存在其他资金来源。

二、对我国贸易促进工作的启示

美国是世界农业强国也是农产品出口大国，其 1/5 的农产品和食品用于出口。由于高度依赖国际市场，美国农业部以市场为导向，在贸易促进方面出台多项组合措施，有力推动美国农产品出口，并创造了 100 多万个国内就业岗位，成为美国农村经济发展的重要引擎。我国农产品贸易促进工作从中可获得三点启示。

一是要加大农产品出口促进支持力度。目前农业农村部用于出口促进项目的专项资金只有几百万元且逐年递减。当前全球经济复苏缓慢、下行风险加大，导致外需疲软、价格走低，农产品出口面临较大挑战，特别是在中美经贸摩擦背景下，更需进一步提振企业出口信心。应继续加大对出口促进工作的支持力度，鼓励企业开拓新的出口市场，降低贸易集中度过高带来的风险。

二是加快优化农业展会布局。2019 年农业农村部国家展团数量仅有 10 个，主要在亚洲、欧洲和北美参加展会，在南美、非洲等区域暂无布局，且多为综合展，很难实现主要区域和优势产品全覆盖。应加快优化农业农村部农业展会布局，进一步提高农业境外展的投入水平和覆盖范围。

三是创新国际市场开拓手段。美国农业部的海外推广手段种类繁多，而农业农村部目前出口促进手段主要集中在国际展会领域，对公共关系、公共营销、技术援助以及国际流通中各环节参与对象的关注还较少。应参考借鉴美国农业部有关做法，开发新的支持手段，提高组合运用支持手段的能力。

（赵学尽，2020 年第 2 期）

美国农林业碳抵消及对我国的启示

2005 年美国温室气体排放达到峰值，2019 年排放量（57.7 亿吨二氧化碳当量）比峰值下降 13%，拜登政府新目标是 2050 年实现净排放为零。尽管美国农业排放的温室气体占比仅约 10%，目前美国在联邦政府层面对农林业碳减排没有要求，但农林业也是温室气体的吸收器，对减排固碳意义重大。为此美国农业部对农林业参与碳市场开展了大量研究，州政府及私营部门等也进行了较多探索和尝试，对我国农业参与碳减排具有较强借鉴意义。

一、相关概念

（一）碳抵消

碳抵消也称碳信用，是温室气体排放减少、清除、封存的数量证明，可以用来交易，以抵消其他来源产生的温室气体排放。碳排放很难做到清除，只能减少或者封存。碳封存是指以捕获碳并以安全存储的方式来取代直接向大气中排放碳的技术。碳抵消具有货币价值，是碳市场上可交易的环境商品。

（二）碳市场

碳市场是指支持以温室气体减排或封存为代表的环境商品买卖的经济框架，包括含碳的温室气体排放（如二氧化碳和甲烷）和不含碳的温室气体排放（如一氧化二氮或某些氟化气体）。碳市场可分为合规碳市场和自愿碳市场两种。

合规碳市场对温室气体减排进行明确约束和要求，如美国主要针对能源行业涉及康涅狄格州等 11 个州的"区域温室气体倡议（RGGI）"和于 2013 年实施的加州"总量管制与交易计划"。由于农林业排放相对分散、不易统计，目前美国农林业碳排放或碳封存均不受联邦法规约束。自愿碳市场是在监管框架以外自愿买卖碳抵消，交易可发生在参与者和购买者之间，也可由其他项目进行调配。

（三）碳注册

碳注册用于跟踪碳市场中碳抵消项目的所有权，并为已经核实和认证的减排或封存的实体发放信用额度。为避免重复计算，美国碳注册系统（American Carbon Registry）为碳抵消额度分配序列号。如果某排放源为遵守相关强制规定提交了抵消额度，系统将收回序列号。该系统也为农业管理活动制定了许多条款，如已批准的"为草场添肥"条款等。

二、美国农林业碳抵消发展状况

（一）美国农林业温室气体排放量和封存量

美国农业是净排放，林业是净封存，农林业在碳抵消方面有较大潜力。据估计，2019 年美国农林业产生的温室气体约 8.19 亿吨二氧化碳当量（CO_2e），同时封存约 9.38 亿吨 CO_2e，整体属于净封存。其中，农业排放 6.7 亿吨，略超美国温室气体排放总量的 10%，自 1990 年以来增长了 12%，主要排放源为作物生产和畜牧养殖。林业固碳效果明显，碳封存量达 7.75 亿吨 CO_2e，占封存总量的 98%（表 1）。根据美国环保署（EPA）数据，2019 年农林业的碳封存使得美国总排放减少 12%。有研究表明，美国农业和林业可分别封存 2.5 亿吨和 6 亿吨 CO_2e，且未来还有增长空间。

表 1　2019 年美国农林业温室气体排放量和封存量

单位：亿吨二氧化碳当量（CO_2e）

来　　源	排放	封存
农业活动		
农业土壤管理（N_2O）	3.45	—
肠道发酵（CH_4）	1.79	—
粪肥管理（CH_4 和 N_2O）	0.82	—
化石燃料燃烧（CO_2）	0.40	—
其他农业来源	0.25	—
农业部门合计	6.70	—
农业活动以外各种类型土地		
原有林地	—	6.76
新增林地	—	0.99
原有耕地	—	0.15
新增耕地	0.54	—
原有草原	0.15	—
新增的草原	—	0.23
原有湿地	—	0.04
新增湿地	0.02	—

（续）

来　　源	排放	封存
原有人类定居点	—	1.22
新增人类定居点	0.79	—
农业活动以外各种类型土地合计	1.49	9.38
美国温室气体所有来源的排放总量	65.58	—
农业活动以外各种类型土地净额	—	7.89
美国温室气体所有来源的净排放总量	57.69	—

资料来源：美国国会研究局根据美国环保署（EPA）数据整理计算得出，所有数据均为计算后净值。

注：其他农业来源包括水稻种植、尿素施肥、农业残留物的田间焚烧等。农业作业用电的间接排放不包括在本表中。

（二）农林业碳市场的运行

合规碳市场仅接受特定类型的农林业碳抵消。目前美国的合规碳市场只接受通过减少或避免排放产生的碳抵消，不接受土壤碳封存产生的碳抵消。RGGI 和加州限额交易项目都接受减少农业甲烷排放、使用厌氧消化器管理粪便减排产生的碳抵消，加州限额交易项目还接受水稻种植过程中减少甲烷排放产生的碳抵消，但上述两个项目均不接受土壤碳封存。

自愿碳市场接受多种类型的农林业碳抵消。自愿碳市场既接受一般类型的农林业碳抵消，也接受根据这些类型中的各种具体碳条款产生的碳抵消。近年来私营企业开始推出以技术指导为主的农业碳市场项目，其中大多属于自愿项目。这些碳市场项目的主要做法是对碳抵消额度进行汇总，并出售给需要减排的实体以降低参与碳市场的成本。一些私营企业发起农业碳市场项目是为了获取商业利益，而另一些私营企业则主要是履行社会责任或可持续发展承诺。

（三）农林业碳抵消面临的挑战

虽然碳市场可以为农牧民提供新的收入来源，但农林业碳抵消也面临许多挑战，不同群体对农业是否应纳入碳市场观点各异。这些挑战主要包括四难：一是测量难。通过少耕和免耕等实践来量化土壤中的碳含量在技术上非常困难。二是说服农牧民参与难。让农牧民减排或碳封存会增加他们的成本，而碳抵消产生的收益具有不确定性。三是监督难。一方面如果农牧民降低了某块土地的作物产量或碳排放，可能会在另一块土地上种植更多作物或排放更多温室气体；另一方面，许多碳封存标准要求封存 100 年，若土地用途变化，碳就会释放出来。四是核验难。由于碳抵消必须第三方核验，这就涉及是否有足够数量且符合资质的核验人员，以及如何降低与核验相关的交易成本。

三、美国农业部在农林业碳抵消中的作用

美国联邦法律对农林业碳减排没有要求，联邦政府在农林业碳市场中的作用也不明确。美国农业部（USDA）在 20 世纪 90 年代开始试点碳抵消，目前在多方面开展工作。

（一）制定技术指南，评估农林活动对减排固碳的影响

USDA 从 20 世纪 90 年代开始启动碳抵消项目试点，为农民提供交易市场。2008 年美国农业法案包含一项新的环境服务市场条款，该条款为 USDA 赋予了新职能，要求优先制定农林业参与碳市场的指导方针，制定衡量基于农林业的环境服务技术指南。USDA 开始与研究机构合作制定相关技术指南，评估农林业活动对单个农场、牧场或森林的温室气体排放和碳封存的影响，2011 年和 2012 年发布了两份中期技术报告，2014 年发布了最终报告。最终报告提供了一套各方达成共识的计算方法，可以计算农林业和土地使用中不同实体的温室气体排放量。该报告为实体层面的温室气体减排评估打下了基础。

（二）开发科学工具，对碳排放数量进行核算和预测

USDA 自然资源保护局（NRCS）和科罗拉多州立大学联合开发了在线工具 COMET-Farm（根据农场主过去的实践，对农场特定地点的排放进行估算）和 COMET-Planner（对特定减排措施的排放量进行总体估计），可基于用户活动对农场温室气体排放量进行估算。加州食品和农业部门的健康土壤计划（HSP）目前使用的是 COMET-Planner 的修订版本。COMET-Planner 的另一个修订版本（碳减排潜力评估工具）涵盖了 2017 年美国农业普查数据，这使得各州和各地区之间的减排措施、预计成本和潜在影响之间具有可比性。此外，美国农业部农业研究服务局（ARS）还开发了乳制品气体排放模型（Dairy GEM），可模拟乳制品生产系统的温室气体排放量。

（三）持续开展研究，评估农林业减排和碳封存潜力

目前开展的研究项目较多，如减少温室气体排放的农业碳增强网络（GRACE net）项目，该项目主要目标是"识别和进一步发展加强土壤中的碳封存、促进可持续农业发展的实践，以及为碳抵消和交易计划提供科学基础。"

其他研究项目包括土壤健康示范试验（SHD）项目。SHD 数据可以进一步识别农林业活动对土壤中碳封存的影响，从而为设计和评估碳抵消和交易计划提供额外的科学证据。USDA 森林服务局（FS）的森林清查和分析项目（FIA）收集、分析和报告美国的森林资源信息，FIA 还包括测量和量化林地碳含量的若干资源，如可通过遥感信息进行碳含量估算。FS 的森林植被模拟器已被批准用于估算美国碳注册系统注册的碳抵消项目中碳存量的变化。

2021 年 3 月，为更好应对气候变化，USDA 邀请公众就一系列与气候智能型农业相关问题发表意见，同时还举办了 10 场利益相关者听证会，共有超过 260 人参与听证。5 月，USDA 根据听证会意见形成了"气候智能型农林业战略"的七项建议，进行为期 90 天的公示。其中一项建议侧重于 USDA 如何为气候智能型农林业生产的产品提供市场，包括识别和验证减排收益、便利农牧民和土地所有者参与其中。

（四）提供财政支持，支持气候智能型农产品进入市场

2021 年 9 月，USDA 宣布将通过商品信贷公司（CCC）资助一项新的气候智能型农林业合作伙伴项目，该项目重点关注气候智能型农产品的营销。气候智能型农产品是指"使用减少温室气体排放或碳封存的耕作方式生产的农产品"。USDA 正在征求减少或消除障碍，为特定的气候智能实践生产的农产品提供市场准入的意见。

四、有关思考及建议

当前，我国碳排放交易主要聚焦在工业，农业尚未纳入其中。作为农业大国，我国农业参与碳减排具有较大潜力。根据国家温室气体排放清单，我国农业温室气体排放量为 8.3 亿吨 CO_2e，占排放总量的 7.4%。近年来，中国坚持走绿色兴农之路，实施化肥、农药减量和作物秸秆、牲畜粪便资源化利用等行动，成效显著，农业万元 GDP 温室气体排放量从 3.4 吨逐步降至 1.4 吨。持续推进农业碳减排，有助于实现 2030 年碳达峰目标，应积极开展相关研究，探索制度框架，为农业参与碳市场做好准备。

（一）深入开展农业碳减排的相关研究

目前国内对农业碳减排的方法学研究以及农业源排放的监测、统计和核查技术还比较缺乏。未来可以借鉴美国的经验，加强与大学、科研机构和企业的合作，持续开展碳减排相关研究，开发更多农业减排测量工具，为农业碳交易

项目提供方法指南、标准依据和实践指导。

（二）逐步开展农业碳市场宣介和培训

当前国内对农业碳交易关注较少、对农业碳减排研究也不多，特别是农民作为参与碳市场的主体，对碳市场相关知识了解较少。建议成立农业碳减排培训团队，广泛吸纳全国范围内的技术专家，为农民提供农业碳减排、碳市场相关培训，为希望参与碳市场的农民提供技术支持，也为从事农业碳市场工作的其他领域从业人员提供农业专业知识培训。

（三）探索在自贸港（试验区）建立农业自愿碳市场

可在海南自贸港、杨凌自贸试验区等地探索建立农业自愿碳市场。联合农户开展农业自愿减排项目的开发和交易，在土地流转、财政补贴、金融信贷、政府购买服务、碳抵消交易机制设计等方面提供一揽子的政策支持。农业部门协同有关部门出台支持政策，鼓励企业优先购买农业碳抵消额度，为农民创造增收渠道；鼓励各类金融机构创新支持农业碳减排项目。

（四）择机推动农业纳入全国碳市场

全国统一的碳排放权交易市场已于 2021 年 7 月正式开市，但农业尚未纳入碳市场范围。可根据美国及我国自贸港（试验区）农业自愿碳市场发展经验，待时机成熟时将农业碳减排纳入全国统一的碳排放交易市场。可探索将碳排放量较大的规模化畜禽养殖业先行先试，促进对畜禽粪便进行资源化利用，达到减排目的，并通过碳交易获得收益，再逐步向其他产业扩展。

（刘武兵、杨静、吴薇、张翼鹏、吕刘、李希儒，2022 年第 1 期）

美国农业生物技术政策及其贸易目标

美国是生物技术最先进的国家，生物技术在种植业和养殖业方面的应用一直处于全球领先地位。与依赖遗传分析的传统农业育种相比，基因工程技术可将 DNA 序列添加到生物体的基因组中，提高了育种效率和精度。随着生物科学发展进步，基因工程技术也从最初的 DNA 重组技术发展到精确度更高的基因编辑技术。DNA 重组可将两个或多个来源的 DNA 导入到生物体中以实现特定性状表达，缺陷是精度相对不高，无法确定重组 DNA 在生物体基因组中的具体位点。在美国食品供应中常见的基因工程产品包括削皮后可以抗氧化不发黄的苹果、耐除草剂的玉米和大豆以及生长周期大大缩短的鲑鱼。而基因编辑技术可通过插入、删除、修改基因或基因序列对生物体的 DNA 进行精准和特定的改变。目前美国商业化种植的基因编辑技术农作物包括油菜和大豆，此外农业生物技术还包括位点定向诱变、表观遗传技术及动物生物技术克隆等。

一、美国农业生物技术处于全球领先地位

美国基因工程技术开发及其在农业中的应用一直处于领先地位。早在 1994 年美国联邦监管机构就批准了首个基因工程食品 Flavr Savr 西红柿并允许其在市场销售，目前美国油菜、玉米、棉花、大豆和甜菜约 90% 的种植面积都使用了基因工程品种。基因工程作物在美国虽很普遍，但一些公众仍避免食用基因工程食品，美国也主要将其作为加工食品和食品配料（如豆油、玉米糖浆、糖）进入消费市场。

（一）美国是全球基因工程作物播种面积最大的国家，占全球近 40%

2018 年全球有 26 个国家种植基因工程作物，播种面积 28.8 亿亩，较 2008 年增加 10 亿亩，增长 35%。主要集中在美国、巴西、阿根廷、加拿大和印度五国的大豆、玉米、棉花和油菜四大品种，其中美国占全球基因工程作物播种面积 39%，巴西占 27%、阿根廷占 12%、加拿大占 7%、印度占 6%，五国合计占全球基因工程作物播种面积的 91%。中国约占 1.5%，允许种植的基因工程作物为棉花和木瓜（表 1）。

表 1 2018 年全球各国基因工程作物播种面积

单位：千万亩

排名	国家	面积	作物品种
1	美国	1 124.8	玉米、大豆、棉花、油菜籽、甜菜、苜蓿、木瓜、南瓜、土豆、苹果
2	巴西	769.7	大豆、玉米、棉花、甘蔗
3	阿根廷	358.8	大豆、玉米、棉花
4	加拿大	190.6	油菜籽、玉米、大豆、甜菜、苜蓿、马铃薯
5	印度	174.2	棉花
6	巴拉圭	57.1	大豆、玉米、棉花
7	中国	43.7	棉花、木瓜
8	巴基斯坦	41.9	棉花
9	南非	40.7	玉米、大豆、棉花
10	乌拉圭	19.4	大豆、玉米
11	玻利维亚	19.4	大豆
12	澳大利亚	12.1	棉花、油菜籽
13	菲律宾	9.1	玉米
14	缅甸	4.2	棉花
15	苏丹	3.0	棉花
16	墨西哥	3.0	棉花
17	西班牙	1.2	玉米
18	哥伦比亚	1.2	棉花、玉米
19	越南	<1.2	玉米
20	洪都拉斯	<1.2	玉米
21	智利	<1.2	玉米、大豆、油菜籽
22	葡萄牙	<1.2	玉米
23	孟加拉国	<1.2	茄子
24	哥斯达黎加	<1.2	棉花、大豆
25	印度尼西亚	<1.2	甘蔗
26	斯威士兰	<1.2	棉花
	总计	2 875.5	

资料来源：农业生物技术应用国际服务机构（ISAAA），《2018 年全球生物技术/基因工程作物商业化状况：生物技术作物继续帮助应对人口增加和气候变化的挑战》ISAAA 简报第 54 期，2018 年。

（二）美国基因工程作物种植主要以生产为导向，少部分以消费为导向

基因工程作物商业应用基本以生产为导向，其中除草剂耐受性和抗虫性是目前各相关国家应用最广泛的两种基因工程性状。耐除草剂基因工程作物主要包括大豆、棉花和玉米等；用于抗虫性的转基因性状被称为植物内含保护剂（PIP），最常见的 PIP 是 Bt，Bt 作物品种在棉花（控制烟草蚜虫、棒槌虫和粉红棒槌虫）和玉米（控制耳虫和几种玉米螟）中最为普遍。此外还有抗病原体作物等。

除生产导向用途外，基因工程技术也可用于满足消费者的需求和偏好，包括改变外观（如颜色）、提高营养品质（如添加维生素、改变脂肪酸结构）或降低过敏性。消费导向的基因工程作物与生产导向的基因工程作物不同，尚未用于大规模商业应用，少部分已经上市，另有一部分正处于研究阶段或等待监管部门批准。

（三）动物基因工程商业化程度有限，动物产品及微生物基因工程商业化潜力较大

与农作物相比，动物基因工程商业化程度不论在美国或他国均一直受限。目前美国政府仅批准了两种基因工程动物允许商业化销售，即 AquAdvantage 大西洋鲑鱼和 GalSafe 猪，其中由马萨诸塞州 AquaBounty 生物技术公司开发的 AquAdvantage 大西洋鲑鱼生长速度约为非基因工程的两倍，该品种有望于 2021 年在美国上市销售。此外，基因工程还可用于微生物，使之产生原本来自动物的酶或激素。动物基因工程商业化程度尽管为保护动物和公众健康而受限，但利用动物生产药品以及微生物生产酶或激素的商业化应用潜力仍较大。

二、美国社会对农业生物技术认同度较高

（一）学术界对基因工程技术持正面肯定评价

美国学术界在食品安全性、对环境影响以及经济效应三方面对基因工程总体持正面肯定评价。美国国家科学工程与医学科学院、美国科学促进会和世界卫生组织等研究机构均认为市场销售的基因工程食品是安全可食用的，使用基因工程或非基因工程食品从食用者健康和安全角度看无任何区别。

（二）大部分农民和农业生产协会支持基因工程技术

美国农场主和农民使用基因工程生物技术产品包括农作物种子和用基因工

程谷物制成的饲料。鉴于使用商业化程度较高的基因工程作物可提高经济产出，美国包括农作物、畜产品和水产品生产协会在内的大部分农业协会都积极推动基因工程技术的发展应用，而部分有机农业行业团体则呼吁暂停在农业生产中使用基因工程技术。

（三）半数消费者认为基因工程食品安全

2016 年一项调查显示半数受访美国人认为基因工程食品与非基因工程食品对健康的影响并无区别，认同基因工程和其他生物技术是解决全球粮食安全、环境退化、全球变暖、食品安全和动物福利的重要工具。另有一些人则认为基因工程未经严格测试，对环境存有危险并可能引起食品安全问题。

三、美国建立了较为完备的农业生物技术监管体系

（一）监管原则

美国对基因技术产品的监管基于《生物技术监管协调框架》，关键原则是以产品为基础，即不管产品是否用生物技术开发，其根据最终产品的特性来进行监管和风险评估，这种监管方式在有利于生物技术创新的同时也忽略了一些不确定风险。而以欧盟为代表的部分国家则基于"预防原则"，即根据产品是否由生物技术开发而对其进行不同管理，只要产品可能带来的风险在科学上不确定就不批准应用。

（二）监管部门

美国基因工程监管由美国农业部（USDA）、食品药品监督管理局（FDA）和环境保护局（EPA）三机构共同完成。

美国农业部（USDA）主要负责基因工程的部门是动植物健康检验局（APHIS）和食品安全监管局（FSIS）。其中 APHIS 对基因工程产品是否会对传统作物及其生产过程造成不良影响、是否可能造成虫害风险以及是否可能引起动物疫病等进行监管，FSIS 对市场上的肉类、鱼类、家禽和蛋产品的食品安全及标签合规性进行审查。

食品药品监督管理局（FDA）需确保本国生产和进口的所有食品和药物不会对人类健康造成损害。在药物监管方面，该局要求所有通过基因工程转入动物基因组研发的药物都被视为新药，须获批才能上市。在克隆动物监管方面，2008 年该局发布了关于克隆牛、猪、山羊及其后代的肉和奶安全性最终风险评估和行业指南，认为克隆对动物健康的风险与其他辅助生殖技术繁育的

动物一样，克隆动物产品与传统饲养动物一样可安全食用，因此不要求克隆动物及其后代在食品上市前获批。

环境保护局（EPA）主要职责是登记并批准包括通过基因工程加入的杀虫剂（PIPs）在内的生物农药的使用，并确保其对环境的安全性。

（三）监管内容

"低水平混杂"基本不受监管。低水平混杂（Low-level presence，LLP）是指食品、饲料和谷物中偶然混入了少量来自已被授权的基因工程产品异物。随着基因工程作物种植面积不断扩大，在非基因工程产品中微量存在基因工程产品的情况难以避免，对微量混入的监管除设定阈值和进行测试外，还包括生物技术公司应在多大程度上与生产者和使用者分担责任。农业部动植物健康检验局 2007 年 3 月发布公告，除非其认定低水平混杂可能导致植物害虫或有害杂草的引入或传播，否则将不采取监管行动。

基因工程食品强制标识。美国对生物工程食品标签管理经历了从自愿标识转为强制标识的过程。1992 年食品药品监督管理局发布的基因工程食品政策指出，大多数情况下基因工程食品与非基因工程食品"实质上相似"，不需在可比的非基因工程食品要求之外进行额外的监管或标识。2016 年 7 月，国会颁布法案要求农业部在两年内出台《生物工程食品强制性标识标准》，标志着联邦政府首次强制标识基因工程食品。农业部农业市场服务局（AMS）2018 年 12 月出台了要求在包装上通过包括书面文字、符号、电子或数字链接和文本信息等选项显示生物工程食品或食品成分的法规，并将于 2022 年 1 月起强制实施，但某些肉类、家禽、禽蛋及含有少量基因工程食品添加剂的产品可不贴标签，餐馆就餐、小规模生产商和有较低含量的基因工程产品可享受豁免。

非基因工程产品自愿标识。基因工程产品强制标识标准出台前非基因工程产品就已采取自愿标识政策，食品生产商和制造商可自愿加入自愿标识计划并承担相关费用。

四、美国积极推动农业生物技术产品国际贸易

总体看，美国对基因工程产品的政策比大多数国家宽松，一定程度上取决于其在全球的贸易目标，即推动主要进口国基因工程产品市场准入以促进美国基因工程大豆、玉米、棉花等出口。

（一）向全球特别是发展中国家大力推广生物技术

1992 年由美国农业部、美国国际开发署联合国内外农业机构、科研院所和企业在康奈尔大学成立国际农业生物技术应用服务组织（ISAAA），此后在肯尼亚国际畜牧研究所和菲律宾国际水稻研究所成立了非洲和东南亚分中心，及时跟踪全球生物技术及相关政策，向国际社会传播和推广基因工程等生物技术，促进向发展中国家技术转让。2020 年越南、菲律宾和哥伦比亚三个发展中国家生物技术作物种植面积呈两位数增长，ISAAA 年度业绩报告认为，没有其多年的知识共享和宣传推广，这些进展不可能实现。

（二）在多双边谈判中推动基因工程产品市场准入

美国是基因工程作物最大种植国，主要贸易目标是建立基因工程产品审查和应用的国际标准、建立符合美国准则的基因工程标签及监管制度等，最终推动农业生物技术产品的市场准入。目前美国已在签署的一些国际贸易协定相关内容中涵盖了提高基因工程产品市场化透明度等条款，其中《美—墨—加协定》（USMCA）是第一份包含了利用基因组编辑和其他基因工程技术生产的农产品相关条款的自贸协定。另外中美第一阶段经贸协议中以附件形式规定了与农业生物技术有关的条款，主要包括中国同意维持以科学性和风险可控为基础的农业生物技术产品监管框架并建立有效率的审批程序以推动基因工程产品贸易的增长。

（三）关注生物安全议定书执行对贸易的影响

《卡塔赫纳生物安全议定书》是一项关于安全处理基因工程产品的国际协定，已有 170 多个国家签署并于 2003 年正式生效。该议定书规定了对可能含有改性活生物体的产品（如散装的生物技术种子）在运输过程中须事先发出正式通知，并提倡建立交换改性活生物体信息的国际信息交换所，在国际贸易中以正式流程详细识别和记录这类商品。美国不是生物安全议定书缔约国，但由于该议定书影响其生物技术产品出口，故一直高度关注议定书执行进展以及对国际贸易可能产生的影响，并作为观察员积极参加了相关谈判和执行准备工作。

五、对我国农业生物技术发展的启示

当前我国正处于打好种业翻身仗的关键时期，农业生物技术研发和监管应与时俱进。我国作为基因工程大豆、棉花、玉米等产品的主要出口市场,在加强进口基因工程产品监管的同时,也应加强相关技术的研究和推广应用。

一是加强对基因工程产品的管理。严格执行相关法律法规,对进口的基因工程产品加强检测和规范标识,出口的基因工程产品也按照目的国政策进行规范管理,减少贸易摩擦。

二是完善基因工程相关法律法规。美国等发达国家对生物技术的研究应用和监管有健全的法律法规和标准,为基因工程产品大规模商业化推广和出口保驾护航。目前我国国内对基因编辑产品和低水平混杂标准的界定还存在一些争议,粮油等产品生物技术推广应用仍未实现突破,应加快健全相关法律法规,真正实现藏粮于技。

三是加强生物育种技术攻关和宣传引导。围绕种子这个要害加大财政支持力度,加快推进种业关键核心技术攻关特别是生物育种技术攻关。做好生物育种、基因工程技术科普工作,针对不同受体和渠道做好正面宣传、引导解释。

（杨静、柳苏芸、张明霞，2021 年第 4 期）

美国农产品进口持续增加，
食品安全监管面临挑战

——美国发布进口食品和农产品安全保障分析报告

2020 年 7 月 1 日，美国国会研究服务局发布《美国进口食品和农产品安全保障分析报告》，对近年美国食品进口趋势和食品安全监管系统进行了梳理分析。报告显示，一系列备受关注的食源性疾病和与进口食品相关的疫情事件逐渐引发人们对现行联邦相关计划能否有效保障进口食品安全的担忧，美国食品进口逐年增加也使得食品安全保障行动更趋复杂，让本已面临挑战的食品检验和监管体系不堪重负。

一、美国农产品贸易转为逆差，进口农产品占国内消费量的1/5

（一）果蔬、水产品进口快速增加导致近两年美国农产品贸易由顺差转为逆差

2018—2019 年，美国农产品连续两年进口增幅高于出口，贸易平衡由顺差转为逆差，成为农产品净进口国，扭转了过去 10 余年贸易顺差态势。2017 年美国农产品进口 1 423.9 亿美元，贸易顺差 56.4 亿美元；2018 年和 2019 年进口分别为 1 511.5 亿美元和 1 531.1 亿美元，贸易逆差分别为 15.7 亿美元和 73.3 亿美元。进口大幅增长主要源于果蔬和水产品进口的快速增加。2019 年，美国农产品进口 1 703.9 亿美元，较 2017 年增长 7.5%。其中果蔬及坚果产品进口 372.3 亿美元，增长 9.4%；水产品进口 219 亿美元，增长 2.4%。

（二）美国农产品进口主要源自墨西哥、加拿大等周边市场，自前五大市场进口份额超过 60%

美国农产品进口集中度较高。2018 年，自前五大进口来源地墨西哥、欧盟、加拿大、中国和智利的农产品进口额分别为 272 亿美元、260 亿美元、256 亿美元、75 亿美元和 52 亿美元，分别占美国农产品进口总额的 18%、17.2%、16.9%、5% 和 3.4%，合计占 60.5%。其中，自墨西哥主要进口新鲜及加工果蔬、烈酒及饮料、食糖及糖果，自欧盟主要进口葡萄酒及烈酒、烘

焙食品、油脂、乳品、加工果蔬；自加拿大主要进口肉制品、谷物及烘焙食品、水产品、油脂；自中国主要进口新鲜及加工水产品、加工果蔬；自智利主要进口水果、红酒、饮料、水产品。

（三）美国食品消费量的 1/5 来自进口，水产品、热带产品及香料主要依靠进口满足

美国是农业生产强国，食品和农产品自给率始终较高，近年进口量增速明显，进口占国内消费总量的 1/5。不同产品对外依赖程度各异，其中水产品、热带产品及香料进口依存度较高，乳品和肉类主要依靠本土供应。按美国食品进口量占国内食品消费量比重计算，水产品和热带产品（咖啡、可可和茶）进口占比均超过 90％，2018 年水产品进口量占其国内消费量比重达 94％；进口香料占比近 90％；进口果汁占比超 50％，进口坚果占比超 30％，进口新鲜果蔬占比超 20％；乳品和肉类进口量占消费量比重较低，乳品、牛肉、猪肉、家禽产品分别为 3％、10％、5％和 0.4％。

二、美国进口食品安全事件频发，食品检验和监管体系不堪重负

（一）美国建立完备的监管体系和法律体系，保障食品供应安全

美国进口食品供应安全监管责任由联邦、州和地方层面的多家部门和机构负责。联邦政府层面主要由卫生和公众服务部食品药品监督管理局（FDA）和农业部食品安全检验局（FSIS）负责。其中，FDA 确保所有食品（肉类、禽产品除外）的供应安全，FSIS 负责大部分肉类、鲇鱼、禽肉及禽蛋产品的供应安全。其他联邦机构如农业部动植物卫生检验局（APHIS）、农业部营销服务局（AMS）、国土安全部（DHS）以及国家海洋和大气管理局（NOAA）下属的国家海洋渔业局也在保障进口食品和农产品安全方面发挥一定作用。不同机构分工明确各司其职，为民众食品消费安全保驾护航。

FDA 依《食品安全现代化法》授权来保障进口食品安全。 FDA 行使权力主要由《联邦食品、药品和化妆品法》赋予。2011 年，国会通过了一项全面系统的食品安全法即《食品安全现代化法》，赋予 FDA 新的手段和权限以确保进口食品及饲料与美国国产产品安全标准相当。具体举措包括：一是进口商问责和核查，规定食品进口商需核实外国供应商资质以确保其符合 FDA 安全标准；二是第三方认证，FDA 可以授权合格第三方检验机构检测国外食品企业是否符合美国食品安全标准；三是高风险食品认证，FDA 可要求高风险进口食品附有可信的第三方认证或其他合规保证；四是拒绝入境，如果

外国供应商拒不配合 FDA 的食品安全检验，FDA 将禁止该企业食品出口至美国。

FSIS 通过对肉禽蛋、鲇鱼产品监管和标识确保食品安全。 FSIS 行使的权力主要由《联邦肉类检验法》《家禽产品检验法》《蛋产品检验法》《2008 年农业法》和《2014 年农业法》赋予，主要通过以下措施保障所监管食品的安全。一是设施检查，检查人员每天需确保一定时间待在屠宰场，持续检查屠宰前后的所有肉类及家禽以确保没有疾病和污染发生。二是系统等效性判定，在批准进口产品可以输美前通过实地考察确保进口产品的检验监管体系与美国等效。三是进口食品复检，在进口产品入港前进行复检以保证外国始终保持等效的检验制度，现已对近 40 个国家 1 300 家符合出口条件的企业肉禽蛋产品进行了复检。2019 财年对肉类和蛋产品复检分别为 179.2 万吨和 3 410.1 吨，不合格产品分别占 0.13% 和 0.07%。四是拒绝入境，只有经认定合格的产品才能以特定标签允许入境。

（二）美国进口食品安全事件逐年增多，食品检验和监管体系面临挑战

进口食品食源性疫情频发，主要来源于拉美、加勒比及亚洲地区。 美国疾病预防控制中心报告显示，1996—2014 年，美境内由进口食品引发的食源性疫情共有 195 次，导致 19 人死亡、1 017 人住院、10 685 人感染。对比 1996—2000 年和 2009—2014 年时段，发现进口食品导致的食源性疫情占比由 1% 提高至 5%；疫情发生频率由年均 3 例提高至年均 18 例。墨西哥是进口食品疫病第一大来源国，2009—2014 年，来自墨西哥的进口食品共引发 42 例食源性疫情；其他依次是印度尼西亚（17 例）、加拿大（11 例）。

水产品、果蔬及香料是引发食源性疫情的主要农产品，被拒绝进口频次也最高。 据 FDA 统计，超半数的进口食品食源性疫情来源于水产品（占 55%）。2005—2013 年，水产品、果蔬及香料占所有农产品被拒绝进口次数的 54.8%，较 1998—2004 年降低了 1.4 个百分点；分产品来看，水产品占 20.5%，较 1998—2004 年提高 0.4 个百分点；蔬菜占 16.1%，下降 4.5 个百分点；水果占 10.5%，下降 1.2 个百分点；香料占 7.7%，提高 3.9 个百分点。

检疫不合格及错误标识是导致进口食品被拒的主要因素。 据 FDA 统计，2005—2013 年，FDA 共拒绝进口农产品次数达 142 679 次，其中由检疫不合格导致的次数为 80 825 次，占 57%；由错误标识导致的次数为 58 764 次，占 41%。检疫不合格主要包括卫生检疫不合格（如食物腐烂变质）、含有非法添加剂、含有病菌和毒素，错误标识主要包括未注明营养标签、未列明成分、缺乏数量标签等。

三、美国改革食品安全监管体系，加强农产品进口管理

快速增加的进口食品为美国食品供应安全带来了巨大挑战，美国食品安全监管体系为此进行了一系列改革，包括修订法案、增加预算等。尽管如此，自2007年以来美国政府问责局（GAO）仍将联邦对美国食品安全的监督列入其两年一度的"高风险清单"中，并建议国会采取措施改进联邦食品安全监督体系以解决目前存在的松散化监管问题。关于食品安全监管的下一步考虑，报告建议国会采取以下措施。

（一）考核监督FDA落实《食品安全现代化法》赋予的新职责

自2011年法案制定以来，美国国会对FDA食品计划年度拨款增加了2.043亿美元，较法案制定前增加了24%。国会已在法案中要求FDA增加检查员数量以及受检验企业数量，但目前FDA尚未实现法案设定目标。进口食品的实际检查量占进口食品总量的比重与改革前水平相当，仍为1%左右，检查员数量及年检验次数均与法案目标相距甚远。国会应继续对FDA在落实法案进度方面进行监督考核，并进一步考量其是否有合适的检验架构和必要资源来实现法案目标。

（二）改进FDA进口水产品安全监管机制

美国水产品进口依存度较高，检出问题产品的概率也较高，国会特别关注水产品进口安全尤其关注自中国及东南亚国家进口的水产品问题。针对目前水产品安全监管存在的监管职能部分重叠、监管效率低下、精准度不高等弊端，国会建议FDA采取相关举措，包括进行精准化监督，针对食品进口来源国单一食品类别（如水产品）安全体系进行监督，而非笼统监督该国整个食品安全体系；加大检测力度，在解除进口警报前需有足够抽样检测证据提供支持，同时加强水产品药物残留检测；纳入统一监管范围，国会建议应将农业部FSIS监管的鲇鱼也纳入FDA统一监管范围，由FDA负责所有水产品安全监管以提高效率、减少开支。

（三）继续加强自中国进口肉类产品的安全监管

2019年11月，FSIS发布公告确认中国家禽屠宰系统与美国等效，因此中国可以向美国出口国内屠宰禽类产品，允许中国出口自产熟制禽肉产品。国会对中国禽类产品食品安全仍存担忧，并在2020财年农业拨款计划中禁止美

国农业部使用任何拨款购买来自中国的家禽产品用于学校午餐及早餐等营养计划。国会或将继续对自中国进口家禽产品进行监控并延长上述此类限制。在此严苛管控下，2019 年中国对美禽肉出口为零。

（四）通过多边或双边平台协调全球食品安全标准

美国食品安全标准提高或加剧潜在非关税贸易壁垒所导致的贸易紧张局势，造成国际贸易争端。为应对上述挑战，美国国会建议通过世贸组织（WTO）、食品法典委员会（Codex）多边平台以及双边自贸协定协调全球食品安全标准。

（张明霞、孙玥、马钰博，2020 年第 11 期）

对美国农业国内支持最新通报
的分析与思考

2018—2020 年美国政府累计向其农业生产者提供了高达 604 亿美元的专项支付，引发各方关注，认为其农业补贴支出可能在其中一个或多个年份内超过 WTO 规定的"黄箱"支持上限。美国近期向 WTO 提交了 2017/2018 和 2018/2019 年度农业国内支持通报，研究分析发现美国大幅调整了 2018/2019 年度相关国内支持计划的通报方法以适应 WTO 规则，"黄箱"支持仍在承诺水平之内。

一、美国农业国内支持"黄箱"空间大，多年保持在承诺限制范围内

国内支持按照贸易扭曲程度进行归箱，其中"黄箱"因贸易扭曲作用大而受 WTO 规则限制。美国"黄箱"支持承诺空间由 5％的微量允许和 191.03 亿美元的综合支持量（AMS）构成，当微量允许水平超过 5％时，超出部分计入 AMS。微量允许分为特定产品微量允许和非特定产品微量允许，特定产品微量允许是指每个作物年度某一具体农产品的支持总额与该产品产值的比值；非特定产品微量允许是指一般项目（与特定产品无关）的支持总额占整个农业总产值的比重。1995—2017 年，美国"黄箱"支出一直保持在其承诺限制范围之内。

二、近年美国农业国内支持总量增加，"黄箱"支持力度加大

2017/2018 年度，美国国内支持总量 1 326 亿美元，其中"绿箱"1 162.5 亿美元，占比 87.7％，同比下降 2.7％；"黄箱"163.5 亿美元，占比 12.3％，增长 2％。2018/2019 年度，美国国内支持总量 1 385.8 亿美元，其中"绿箱"1 125.1 亿美元，占比 81.2％，同比下降 3.2％；"黄箱"260.7 亿美元，占比 18.8％，增长 59.4％。

（一）"绿箱"支持量连续 5 年呈下降态势，支持结构变化不大

2018/2019 年度美国"绿箱"支出 1 125.1 亿美元，比 2014 年的 1 244.83 亿美元减少 119.73 亿美元，年均下降 2.5%。"绿箱"支出结构自 2014 年农业法以来变化不大，以国内食物援助支出为主，2018/2019 年度该支出为 946.2 亿美元，占"绿箱"总支出的 84%；其次是研究、病虫害防治和基础设施服务等一般服务支持，占"绿箱"总支出的 12%。2018/2019 年度国内食物援助项下额外通报了食品收购和分发计划，共支付 11.4 亿美元。

（二）2018/2019 年度超七成特定产品"黄箱"支持量超出微量允许上限，但仍有较大可用空间

2014—2017 年，美国特定产品"黄箱"支持在 80 亿～95 亿美元。2018/2019 年度美国特定产品"黄箱"支持大幅增加至 173.5 亿美元，同比增长 83.6%。分产品看，棉花、干豌豆、高粱、食糖和大豆支持量分别占其产值的 19.14%、27.41%、65.6%、29.49%和 23.08%（远超 5%的微量允许），全部特定产品支持量中超出微量允许部分为 130.85 亿美元，距 WTO 允许的 191.03 亿美元综合支持量（AMS）限额尚有 60 亿美元空间。补贴资金主要是通过针对大宗农产品的市场便利计划（87.6 亿美元，占 50.5%）、乳制品利润保护计划以及畜牧草料灾害计划等项目进行发放。

（三）2018/2019 年度非特定产品支出增加 26.3%，未超出微量允许上限

2017/2018 年度非特定产品支出 69.02 亿美元，2018/2019 年度增至 87.17 亿美元，增幅高达 26.3%，占农业总产值的 2.36%（上限 5%）。2018/2019 年度非特定产品最大支出是市场便利计划 51.9 亿美元，占非特定产品支持量的 59.5%；其次是为基于县级水平数据支付的农业风险保障补贴（ARCCO）和价格损失保障补贴（PLC），分别为 10.5 亿美元和 18.5 亿美元，同比分别下降 71.1%和 37.1%；三项支出合计占比 92.8%。另外，自 2017/2018 年度起，火灾和飓风补贴计划从特定产品补贴转移至非特定产品补贴项下通报。

三、美国最新通报对归箱方法进行调整，为特定产品补贴腾出空间

美国调整了市场便利计划、农业风险保障和价格损失补贴等措施的归箱方

法，同时在通报时间上做文章，由市场年度通报改为财政年度通报以此避免挑战 WTO 规则。

（一）市场便利计划归箱由特定产品调整为特定产品和非特定产品

2017/2018 年度，美国市场便利计划在特定产品支持项下通报 0.38 亿美元，2018/2019 年度在特定产品支持项下通报 87.61 亿美元、非特定产品支持项下通报 51.9 亿美元。其中，2018 年全部产品和 2019 年特色作物（specialty crops）、生猪和乳制品的支付基于产品的生产水平和支付率，补贴数额按美国农业部农场服务局认定的当年实际产量和存栏量进行计算，因此被通报为特定产品支持。2019 年市场便利计划每种非特色作物（non-specialty crops）的补贴标准是相同的，使用统一县域支付率和县域历史种植总面积进行计算，因此被通报为非特定产品支持。美国对大豆、玉米等非特色作物通过统一县域内支付率的方式，不影响农民的种植意愿，将庞大的市场便利计划按产品分别计入特定产品和非特定产品补贴，防止爆箱。

（二）农业风险保障（ARC）和价格损失保障（PLC）的数量和归箱调整

2018 年农业法的调整使农业风险保障（ARC）和价格损失保障（PLC）两项计划从一部分归入特定产品支持和另一部分归入非特定产品支持，转为全部归为非特定产品支持。原因是两项计划在新法案下是按照等级的基本英亩数的一部分（85%）支付，名义上与农民生产选择脱钩，生产者不需要种植作物就可以获得付款。但其实农业风险保障（ARC）和价格损失保障（PLC）对每种作物支付率并不同，实际仍与特定产品价格挂钩，因此将其全部归入非特定产品支持存在较大争议。

（三）调整通报时间

2016 年以前，美国均以不同作物年度通报特定产品支持情况，但在 2017 年后统一按照 10 月 1 日至次年 9 月 30 日进行通报。调整后导致 2016—2017 年部分产品通报时间不连续。2018 年市场便利计划自当年 9 月 4 日开始发放资金，若按作物年度通报，棉花和小麦等产品支持将全部计入 2018/2019 年度通报。美国通过调整通报时间使得 230 亿美元的市场便利化补贴分散至三年进行通报，避免出现单一年度爆箱可能。为对应市场年度调整，美国对根据财政年度发布的"绿箱"和非特定产品支持也进行了调整。调整后，2017/2018 年度进行了两次通报，分别罗列了 2017 财政年度和 2018 财政年度的"绿箱"和非特定产品"黄箱"支持，同一年通报两个财政年度导致时间重复，影响"黄箱"合规性的计算。美国此种做法虽然不涉及超出 WTO 承诺，但创造了先例使得成员通过调整时间躲避爆箱的可能。

四、加强国际经验研究借鉴，完善国内支持政策

WTO 现行农业贸易规则于 1995 年由美国主导的发达成员推动制定，要求各国削减或取消贸易扭曲性的国内支持，最终实现公平公正的贸易自由化。但美国一直以来善于利用规则规避责任，并在规则解释上使用自身标准规范其他成员。长期以来 WTO 规则下发达成员与发展中成员间不平衡不公正问题一直未有效改善。美国作为创始国在规则制定上具有天然优势，不仅享有 AMS 特权，也为其农业发展保留了种类多、数量大的国内支持。而我国"黄箱"支持政策空间"皮厚馅薄"，总体支持空间大，但受 8.5% 微量允许限制实际可用空间小，尤其是玉米、棉花、大豆、食糖、油菜籽等重要农产品支持空间严重不足。有必要研究借鉴美国经验，进一步完善我国内支持政策。

（一）政策工具配套组合、定向施策

美国农业支持政策覆盖的产品种类高达 77 种，远高于我国的 12 种。同一产品往往有多种支持政策配套使用，通过直接价格补贴、贷款补贴、农作物保险和灾害救助等措施构建了完整的农业产业安全网，可针对不同损失条件启动相应政策措施，保障了农民的自主选择权，也提升了施策的精准性。我国可在现有支持框架下借鉴美国经验，进一步丰富国内农业支持政策的形式和内容，促进我国农业高质量发展。此外，还可探索从减少农民灾害性损失等方面进行政策创设，提高农民抵御风险的能力，切实保障农民生计。

（二）灵活运用通报方式、归箱技巧

由于 WTO 农业协定按照是否扭曲贸易的标准对国内支持政策进行归箱，美国在此规则基础上不断适时调整措施细节使其通报符合 WTO 约束。我国也可借鉴其做法，继续深挖厚掘 WTO 农业国内支持规则并灵活掌握操作细节，积极探索通过调整通报时间、归箱措施等方法的可行性，合法合规合理规避爆箱风险。

（三）政策框架相对稳定、动态可调

美国农业法案政策框架多年基本不变，但具体措施根据国内外形势变化

不断进行调整完善，以适应当年财政状况和 WTO 规则。我国可根据国内粮食保供需要、国际关系变化、部分成员质疑农业相关政策等客观形势变化对国内支持政策进行动态调整，使得政策既符合国际规则要求又符合中国实际需求。

（徐亦琦，2021 年第 8 期）

欧盟农产品出口促进政策
及对我国的启示

随着贸易全球化的推进，欧盟近年来在灵活务实的农业出口促进政策支持下出口增速不断提升，2002年至今贸易额增长一倍多，且出口增速明显高于进口增速。借鉴欧盟出口促进政策促进我国优质农产品出口，对于农业贸易高质量发展具有重要的借鉴意义。

一、欧盟出台专门的法律条例促进农产品出口，财政拨款已增加至2亿欧元

农产品和食品的生产和贸易是欧盟主要经济支柱之一，食品制造业也是欧盟第三大制造业。欧盟从1999年开始出台农产品出口促进法律条例，对农产品和食品出口进行专项资金支持。2008年和2014年，经过两次改革，出口促进补贴额和补贴对象范围不断扩大，财政预算也从2000年的1 500万欧元提高到2019年的2亿欧元。

（一）出台农产品出口信息服务和促销活动条例

欧盟自20世纪80年代开始进行农产品出口促进支持，但由于缺乏系统性，效果并不明显。1999年，欧盟委员会正式向欧盟理事会提交出口促进提案，同年和次年欧盟理事会先后颁布了《对第三国提供信息服务和开展促销活动条例》（第2702/1999号）和《对欧盟内部市场提供信息服务和开展促销活动条例》（第2879/2000号条例）对出口企业提供农产品营销促销经费补贴。两条例的实施期为2000—2007年，财政预算由1 500万欧元提至5 000万欧元，其中3/4的资金用于欧盟成员间的市场推广。

（二）整合内外部市场农产品促销活动

2008年，欧盟理事会在整合上述两条例基础上又颁布了《对欧盟内部和第三国信息服务和促销活动条例》（第3/2008号条例）。该条例做了以下改进：一是实行单一的法律框架，对欧盟内部市场和外部市场采用同样的补贴程序；

二是明确了支持的产品、内容和目标市场；三是制定融资规则，确定欧盟最多出资 50%，私营部门至少出资 20%，其余部分由成员国出资。另外，该条例还要求在宣传和促销过程中非必要不得宣传产品品牌和产地。该条例实施期为 2008—2015 年，财政拨款基本维持在 5 000 万～6 000 万欧元。

（三）强化支持力度以构建"更现代和更具雄心的促进政策"

2014 年，欧盟认为有必要制定一项新的"更现代和更具雄心的促进政策"，并在支持对象上"内外有别"，因此对 2008 年条例进行了改革，颁布了第 1144/2014 号条例。此次改革主要体现在：一是增加财政拨款额度，由 2016 年初期预算 1.13 亿欧元逐步增至 2019 年的 2 亿欧元；二是扩大了产品和申请主体范围，允许欧盟境内的生产者组织等作为补贴对象，并允许在不损害整体利益基础上提及产品品牌和原产地；三是设立了专门技术委员会，帮助经营者了解政策内容、筹备宣传活动和开拓海外市场；四是提出欧盟层面的联合融资方案，同时禁止各国单独融资，避免因利率不同引起贸易扭曲。

二、重点扶持特色优势农产品出口并灵活调整支持方向

（一）重点扶持特色食品和地理标志产品出口

根据第 1144/2014 号条例规定，支持产品范围：一是除烟草外的所有农产品，二是条例附件中列出的特定食品（如啤酒、巧克力、饼干、意面和甜玉米等），三是已获地理标志的烈酒。在支持范围内的产品，其出口企业、贸易或生产者组织可通过申请获得一定比例的活动经费用于广告宣传、参加研讨会、开展国际交流活动、在目标市场增设销售点以及参加展览会、交易会等出口促进展会等一切有利于推介欧盟农产品的营销促销活动，实施期通常为 1～3 年。

（二）半数资金用于主要目标市场

根据第 1144/2014 号条例，2016—2019 年度工作计划规定，当年 50% 以上的资金要应于中国、日本、韩国、中国台湾、东南亚、印度、哥伦比亚和北美市场。根据欧盟项目管理要求，欧盟委员会在项目结束后对参与者进行至少两次调查以评估政策效果和影响。根据调查结果反馈，经过欧盟农业促进项目的推广，欧盟的葡萄酒在美加的市场份额增加了 17%，平均售价提高了 8%；猪肉在中国的认知度增加了 18%，质量标识认可度提高了 36%；奶酪在哥伦比亚和墨西哥的市场份额分别增加了 16% 和 11%，质量标识认可度增加了 10% 和 9%。

（三）加大对有机食品和可持续农业发展支持力度

欧盟为强调农业出口促进政策与其他政策目标的一致性，自第 1144/2014 号条例实施以来，要求在农业出口促进补贴范围中较大部分用于"可持续农业发展"，并在联合融资方面提供专项预算。如 2017 年补贴重点是环境友好农产品、2018 年补贴重点是绵羊和山羊可持续生产、2019 年是水稻可持续生产（表 1）。2020 年，欧盟通过了"从农场到餐桌生物多样性战略"，并在 2021 年工作计划中提议将 50%预算用于促进有机食品和可持续农业发展并增加果蔬的消费。

表 1 2016—2019 欧盟农业出口促进政策年度工作计划（AWP）特定产品支持

年份	产品	方案类型	目标市场	预算（百万欧元）
2016	牛奶/乳制品、猪肉制品	单一方案	内部市场	9
	牛奶/乳制品、猪肉制品	单一方案	第三国市场	21
2017	奶制品、猪肉制品	单一方案	第三国市场	12.6
	牛肉制品	单一方案	第三国市场	4
2018	可持续生产的绵羊/山羊肉	单一方案	内部市场	2
	可持续生产的绵羊/山羊肉	联合方案	内部市场	4
	新鲜水果和蔬菜/健康食品	联合方案	内部市场	8
2019	食用橄榄	单一方案	第三国市场	2.5
	新鲜水果和蔬菜/健康食品	联合方案	内部市场	8
	可持续生产的水稻	联合方案	内部市场	2.5
	牛肉或小牛肉	联合方案	第三国市场	5

资料来源：《2016—2019 年度工作计划》。

（四）按年度灵活调整出口产品和市场支持重点

为提高政策的灵活性，第 1144/2014 号条例引入了年度工作计划法（AWP）。每年年初欧盟委员会授权农业农村发展总局和消费者、健康、农业和食品执行局公开发布年度工作计划，明确当年支持的目标市场、目标产品及主要促销措施等信息，确定年度战略支持重点。申请人根据年度工作计划所列内容于 4 月前提交申请，由执行局成立专家组对提案进行评估并打分排序，分数高者获批，低分数提案则被驳回。年度工作计划还单列了一项"预算"用于应对市场突发状况，2020 年新冠疫情暴发后，该项预算首次启用，于 7 月增加了一次提案征集作为欧盟新冠疫情一揽子行动计划的补充。

三、借鉴欧盟经验，加强我国农业贸易促进

（一）在政策设计上统筹考虑稳定性、灵活性与针对性

欧盟农业出口促进政策以条例为法律依据，明确了政策框架和实施细则，并规定通过年度工作计划（AWP）方式确定年度支持重点国别和产品，并设置了应对突发状况时的特别行动方案，总体上可确保政策的"大稳定小调整"兼具针对性地应对突发情况的预案。我国农业出口促进资金严重不足，建议加大财政支持力度，在当前资金预算有限情况下提高政策的针对性，特别是加大对农业国际贸易高质量发展基地建设、参加境外农业展会、支持多双边谈判不断开辟贸易新市场等活动的补贴力度。

（二）在政策执行上引入量化管理与事后评估机制

量化管理和评估贯穿整个欧盟农业出口促进政策，在政策审批环节引入评估打分法，对目标市场优先序、促销产品、是否签订了多双边自贸协定等进行评估打分，再据此选择项目和分配资金；项目执行后再根据《监管指南》设立包括相关性、有效性、效率、一致性和附加条款等维度指标体系的事后评估机制，细化到展台数量、参加研讨会数量、电视播放节目数量等三级指标。我国现有政策在设立前和实施后都缺乏细致的量化评估，可借鉴欧盟经验提高政策执行的有效性。

（三）政策手段集中在信息和促销活动等公共服务，有效规避了 WTO "黄箱" 限制

2015 年 WTO 成员在内罗毕会议已就取消农业出口补贴达成一致，为推动贸易自由化迈出重要一步。我国可借鉴欧盟的做法，对信息提供和促销活动进行政府公共服务支持，既能有效提高农产品知名度和影响力，进而提高农产品的国际竞争力，还可有效规避 WTO "黄箱" 限制。

（柳苏芸，2021 年第 5 期）

日本农产品出口促进法出台的
背景、内容及启示

近年来，长期奉行农业高度保护政策的日本改变了以往做法，采取"以攻为守"战略，将大力促进农产品出口作为提升本国农业竞争力的重要手段。2013 年，日本提出农林水产品出口额 2020 年增至 1 万亿日元、2030 年增至 5 万亿日元的目标。2020 年日本进一步强化了立法和体制机制建设，4 月 1 日正式实施《农林水产品和食品出口促进法》，同期还成立农林水产品和食品出口总部，并将其作为扩大农产品出口的最高领导机构，打破了政府各部门间的壁垒，集中力量强化对出口企业支持。在新冠肺炎疫情蔓延、多国出台出口限制措施背景下，日本农产品出口促进法的实施，将有利于提升日本农产品在国际市场上的地位和形象。

一、法案出台背景

（一）国内外市场需求发生逆转，促进出口成为推动国内农业可持续发展的必然选择

据日本农林水产研究所预测，由于日本人口减少国内农产品市场规模将持续缩小，而全球农产品需求强劲增长。随着世界人口增加和经济增长，世界食品需求预计将从 2015 年的 890 兆日元（合 58 万亿元）增加到 2030 年的 1 330 兆日元（合 87 万亿元），增幅 50%。因而，推动国内农业产业可持续发展，加强农产品出口促进使日本在世界农产品出口快速增长中获益，成为日本政府的必然选择。

（二）近年农产品和食品出口受限，需要政府方面建立统一完备的应对系统

福岛核泄漏事故后，包括中国在内的 20 个国家（地区）禁止了原产自日本核泄漏地区的农产品和食品进口，日本迫切需要和这些国家交涉解禁事宜。另外，随着亚洲各国食品安全意识和标准不断提高，市场准入和技术标准磋商难度加大，日本国内大部分农业企业对技术性贸易壁垒缺乏认识，需建立相关省厅间及中央和地方政府一体化的应对系统，创设由阁僚或高阶事务官领衔的

高层级谈判体系，统一开展农业对外谈判。

（三）适应农业贸易自由化新形势需要，减缓对国内农业的冲击

随着"全面与进步跨太平洋伙伴关系协定（CPTPP）""日欧经济伙伴关系协定""日美贸易协定"接连达成，日本农业市场进一步开放。为减小市场开放对日本国内农业的冲击，同时有效利用其他成员在贸易协定下提供的市场机遇，日本拟积极扩大农产品出口。

二、法案主要内容

（一）设立农林水产品和食品出口总部

法案规定，在日本农林水产省设立农林水产品和食品出口总部，主要职能是制定出口促进政策，协调与出口相关的行政工作，制定出口促进执行计划并管理其执行进度。日本农林水产大臣兼任该总部部长，日本总务大臣、外务大臣、财务大臣、厚生劳动大臣、经济产业大臣、国土交通大臣均兼任该总部成员。在日本农林水产省食料产业局新设 50 人规模的出口市场法规对策科作为出口总部的事务局。出口总部处理管辖事务时有权要求相关行政部门协作配合。

（二）制定农产品出口促进执行计划

该法案规定，由出口总部制定相应的执行计划表，列出采取出口促进措施的目标出口市场、所涉产品、措施内容、实施期限、负责执行的主管大臣以及其他相关信息。目前的执行计划表包含 115 个具体项目，其中已完成的项目 28 个（如出口欧美牛肉处理设施的 HACCP 认证），取得较大进展的项目 31 个（如放射性物质管制规定的撤销）。出口总部每财年应就年度出口促进措施进展实施情况做出说明，评估实施效果，审查执行计划表并进行必要修订。

（三）设置农产品出口促进业务经费

2020 年，日本政府财政设置 11 亿日元（合 7 200 万元）专项预算开展出口促进业务，分别用于开设海外食品安全法规统一咨询窗口（1 亿日元，合 650 万元人民币）、构建一站式出口认证的申请及签发系统（7 亿日元，合 4 540 万元人民币）以及收集和分析出口市场相关数据（3 亿日元，合 2 000 万元人民币）。

（四）简化农产品出口程序

对此前尚无法律明文规定的责任机构进行了规范，授权主管大臣及都道府

县知事等进行管理。此类事务主要涉及出口证明书签发、生产区域指定以及出口加工设施资格认证。

1. 出口证明签发。该法将出口证明签发程序法定化，国家和地方政府对符合出口市场食品安全标准的农产品签发出口证明书，包括卫生证明书、放射性物质检查证明书、自由销售证明书、渔获证明书等。

2. 生产区域指定。指定和监管生产区域对强化水产食品链、完善出口体系、减少出口风险意义重大。农林水产省和地方农业部门作为指定方，有权指定出口产品生产区域。以贝类为例，该法规定，除地方政府外，农林水产省也有权指定出口欧盟的双壳贝类生产海域，并负责指定海域的监管工作。

3. 出口资格认证。该法对符合欧盟和其他出口市场法律规定的加工设施资格认证法定化，认证范围包括食品加工设施（屠宰场、肉类和水产品加工厂）、渔船、养殖场、产地市场、蔬菜水果分拣场等。设施资格认证需满足建设和卫生管理标准，还需接受中央和地方政府定期检查。此外，政府将建立认证机构注册系统，允许中央和地方政府以外的专业民间机构进行设施资格认证，以加快认证速度。

（五）支持农产品出口企业

鼓励企业制定出口事业计划，实现食品流通合理化、制造过程专业化。计划获得农林水产大臣认证后，将适用于日本政策金融公库这一日本政府全资所有的为中小企业和初创企业提供商业贷款的公共公司对企业提供的融资和债务保证等支持措施。政策金融公库新设农产品出口促进资金制度将扩充食品流通改善资金和食品产业品质管理专业化促进资金，融资对象新增出口农产品生产和流通设施维护修理费、与硬件维护相关的咨询费用、设立海外企业的费用等，取消融资额 20 亿日元（合 1.3 亿元人民币）的上限，企业融资额最高可达项目成本的 80%。该法将与《综合性 TPP 关联政策大纲》①等政策相互配套，共同支持农产品出口市场开拓，加大财政补贴力度。2019 年补充预算为 67.94 亿日元（合 4.5 亿元人民币），2020 年预算为 14.72 亿日元（合 9 710 万元人民币）。

三、启示及建议

我国和日本农业同为小规模农业，在扩大开放进程中面临着相似的问题与

---

① 《综合性 TPP 关联政策大纲》是 TPP 协定达成后，日本为减小协定对国内农业冲击，进军海外市场而制定的综合性政策纲领，发表于 2015 年 11 月，最新修订于 2019 年 12 月。

挑战。我国已成为全球第一大农产品进口国，且在多双边贸易谈判中面临进一步开放农产品市场的压力。日本实施的以《农林水产品和食品出口促进法》为代表的出口支持政策为我们化被动为主动，更加积极有效地扩大对外开放实现高质量发展目标提供了重要借鉴。

（一）将贸易纳入农业对外合作部际联席会议议题

长期以来，困扰我国农业贸易促进工作的体系不健全、职能分散等问题未能有效得到解决，一定程度上影响了我国农业贸易促进工作的效率和效果。建议参照日本出台《农林水产品和食品出口促进法》、设立农林水产品和食品出口总部的做法，建立完善农业贸易促进法律政策体系，加强对农产品进出口促进工作的统筹协调，强化农业贸易投资一体化。将贸易纳入农业对外合作部际联席会议议题，研究制定重点行动计划，协调解决农产品进出口中遇到的一系列问题。

（二）设立农产品出口促进专项经费

我国在蔬菜、水果、水产品、茶叶等农产品上具有优势，是世界第五大农产品出口国，出口对于提高农业国际竞争力、提升农产品质量标准和农民就业增收具有重要意义。像日本这样农业资源匮乏的国家，举全国之力支持农产品出口，目的是培育农业在国际上具有一定的相对优势。建议借鉴日本经验，设置财政专项预算用于农产品出口法规标准咨询、出口认证及出口市场相关信息收集分析，建立中央和地方一体化应对系统。

（三）加大对农产品出口企业的支持力度

与欧美等国相比，我国农产品出口企业总体规模较小、实力弱，开展农产品海外营销促销、应对出口市场壁垒的能力和动力不足，迫切需要解决"融资难"问题。随着全球新冠疫情的持续发展，可能使农产品出口形势进一步恶化，日本对中小企业已经启动两轮救助计划，通过加大融资、提供补贴、咨询服务等措施缓解疫情给中小企业带来的资金压力。建议借鉴日本经验，对受新冠疫情影响较大的农产品出口大县、出口企业和出口基地，加大融资和补贴扶持力度，提升农产品国际竞争力。

（吴薇、马建蕾，2020 年第 3 期）

日本农业 2050 年实现碳中和

　　近年来，日本老龄化加剧农业生产劳动力不足，气候变化引起的大规模灾害频发、生物多样性减少，导致粮食生产基础日益脆弱，对粮食稳定供给和农林水产业可持续发展带来较大挑战。同时，新冠肺炎疫情在全球大流行也进一步凸显建立稳定可持续粮食系统至关重要。在欧美相继出台农业可持续发展和减排目标的背景下，日本农林水产省于 2021 年 5 月 12 日发布了农业碳中和中长期战略《绿色食品体系战略——通过创新实现生产力的提高以及粮食、农业、林业和渔业的可持续性》，旨在通过技术创新和政策改革实现粮食、农林水产业生产率提高及可持续发展，提出了以 2050 年为期实现农林水产领域碳中和目标。

一、日本绿色食品体系战略出台背景

（一）国内粮食生产和农林水产业可持续发展面临挑战

　　日本人口老龄化、少子化导致农业从业者逐渐减少，阻碍了正常农业生产活动。气候变暖导致暴雨台风频发，影响农作物产量和水产捕捞量。减轻环境负荷、确保粮食稳定供给、促进农林水产可持续发展成为日本政府面临的重要课题。

（二）应对联合国可持续发展目标并在碳中和方面与欧美国家抗衡

　　为实现联合国可持续发展目标（Sustainable Development Goals，SDGs），各国纷纷提出减排目标，在碳中和方面欧美国家已领先一步。2020 年 5 月欧盟发布了粮食生产可持续发展的两项战略——"2030 年生物多样性战略"和"从农场到餐桌战略"，提出到 2030 年有机农业面积扩大到全部农业用地的25％以上、化学农药用量减少50％、人均食物浪费减少50％等目标，提出欧盟化的国际标准。2020 年 2 月美国发布了"农业革新议程"，提出到 2050 年农产品产量增加40％且生态足迹减半的目标；2021 年 1 月拜登也表示希望美国率先于其他国家实现农业领域温室气体零排放。日本首相菅义伟上任伊始即提出了"到 2050 年实现碳中和"的目标，农林水产领域也被要求加强应对。同时农林水产省认为如果欧美标准成为国际标准，谋求扩大出口的日本农业有可能在国际竞争中落后,因此日本需采取紧跟世界潮流的对策。

二、日本绿色食品体系战略目标及评价指标

该战略旨在通过技术革新和政策改革促使农林水产行业生产者、食品企业及消费者做出改变以构建可持续的粮食系统并在 2050 年实现以下经济、社会和环境目标。

(一)构建可持续的产业基础

经济方面,推动进口比例较高的肥料、饲料以及能源原材料由进口向国内生产转变,促进国内相关产业发展;通过技术革新提高劳动生产率以应对老龄少子化;通过化肥农药双减、扩大有机农业面积提高国产农产品品质并扩大出口。

(二)丰富国民饮食,增加居民就业,提高收入

社会方面,通过推广健康营养平衡的日本饮食,丰富国民饮食生活;通过重构农林水产产业链,增加就业岗位、提高居民收入、提升国民幸福指数。

(三)为后代留下宜居的生态环境

环境方面,通过从化石能源向可再生能源转变、林业创新实现碳储存最大化等措施降低农林水产生产成本,减轻环境负荷,以造福子孙后代。

在上述目标的基础上,该战略制定了 14 个详细的业绩评价指标(表 1)。

表 1　日本绿色食品体系战略业绩评价指标

	评价指标
1	到 2050 年,在农业、林业和渔业中实现二氧化碳零排放
2	到 2050 年,将农药使用量减少 50%
3	到 2050 年,将化肥使用量减少 30%
4	到 2050 年,将有机耕作面积扩大到耕地面积的 25%,达到 100 万公顷
5	到 2030 年,实现可持续的进口原材料采购
6	到 2050 年,山林渔村等农村地区全部引进可持续能源
7	到 2030 年,政策补助对象主要集中于可持续农林水产从业者
8	到 2040 年,农林业机械及渔船全部实现电气化、氢化

（续）

	评价指标
9	到 2030 年，推进食品制造业自动化，劳动生产率较 2018 年提高 30％以上；到 2050 年，通过人工智能（AI）技术，实现与多种多样的原材料和产品相对应的无人食品生产线，进一步提高劳动生产率
10	到 2030 年推进流通合理化，力争将食品批发业销售费用所占比重减少到 10％； 到 2050 年，利用人工智能和机器人等新技术在所有流通现场实现全自动化
11	到 2030 年，商业类食品损失比 2000 年减半； 到 2050 年，根据人工智能需求预测及新包装材料开发等技术进展，谋求商业类食品损失最小化
12	到 2030 年，将优质树木扩大到 30％的林业苗木；到 2050 年，扩大到 90％以上林业苗木； 到 2040 年，实现高层建筑木结构化，木材碳储存最大化
13	力争到 2030 年捕鱼量恢复至 2010 年水平（444 万吨）（2018 年捕鱼量 331 万吨）
14	在日本鳗鱼、蓝鳍金枪鱼等水产养殖中达到 100％的人工育苗率； 养鱼饲料全部转换为配合饲料，以不给自然资源增加负荷的可持续养殖为目标

根据《绿色食品体系战略——通过创新实现生产力的提高以及粮食、农业、林业和渔业的可持续性》整理。

三、日本绿色食品体系战略措施

要实现绿色食品体系战略目标，农业领域的技术革新、农业政策的改革以及相关从业者的支持和协作不可或缺。为此，农林水产省从采购、生产、流通、消费、乡村建设、供应链整体和林业七个方面制定了拟采取的技术变革，通过补助、投融资、税收等政策引导相关从业者采用新技术，及时披露信息加强沟通获得从业者支持，确保战略顺利推进。

（一）技术革新

一是推进清洁材料和能源开发利用，实现低进口、低碳化，减轻环境负担。构建太阳能、生物质能源等可再生能源系统，降低对化石能源进口依赖；扩大新蛋白质资源（昆虫、藻类、菌类）开发利用，降低对进口饲料依赖；推广高品质堆肥等新肥料技术，降低对进口肥料依赖；开发将食品残渣、废弃物、污泥等废料肥料化、饲料化和燃料化的循环技术。

二是通过技术创新构建可持续生产体系。推进智慧农业提高农业生产率，如开发基于土壤和生长诊断等数据的施肥管理技术。减少农药化肥施用降低农业生产环境负荷，对病虫害从化学防治转向生物防治和物理防治为主，如开发包括天敌在内的生态系统相互作用的技术、用生物农药替代传统杀虫剂、用紫外线和超声波进行物理防治，建立不单纯依赖化学农药的新一代综合病虫害防治体系。通过轮作、充分利用堆肥等有机肥减少化肥用量。提高农林机械电汽化、氢化水平减少温室气体排放，开发可重复利用、可降解生物生产材料，用于设施农业。开发兼顾环境及产量的作物和畜禽品种，如开发甲烷生成少的水稻品种，推广具有高抗病性、饲料利用率高的家畜育种和改良技术。

三是建立减少浪费的可持续流通体系。利用大数据和人工智能减少农产品销售流通环节，如通过供求预测和精密出货预测匹配降低食品损耗，构建发货、加工、流通无缝自动配送系统，通过商品和物流信息数据共享建立可追溯平台。开发便于农产品长期保存、长途运输的包装材料，如具有防霉效果的新型功能性包装材料、利用发酵等生物技术提高保存期限的食品新材料，降低农产品流通环节成本和损失。提高健康环保食品产业竞争力，如开发利用肉食替代品等食品技术。

四是扩大环境友好型可持续消费。通过减少食品损耗扩大可持续性消费，如使用智能家电减少食品损失，培养合理消费习惯，利用食品银行避免食品损失。综合推进营养均衡型饮食方式，如推进营养均衡型饮食教育、发布有关饮食健康的医学知识、将国产有机农产品引入学校供餐。

五是建设支撑粮食可持续发展的农田渔村。加强乡村基础设施建设，通过农田水利、渔港渔村基础设施改造升级降低能源消耗，以应对气候和环境变化。推进多种农地利用，如通过有机栽培、有机肥施用等改造耕地生产条件，保护藻场、滩涂发挥水藻的固碳作用。

六是推进供应链整合的基础技术合作。推进人才、技术、资金良性循环的产学官合作，构建从研究开发立项到基础应用、试验示范、推广的产学官合作体制。构建全球研发体系，以国立研究机构为核心，搭建国内外研究机构、大学、创业公司等共同参与的国际共同研究体。扩大对未来技术的投资，优先支持对创业公司事业构想阶段的"创新性研究"，优先支持对新技术应用普及做出贡献的新型服务企业。构建知识产权战略性利用机制，制定从研究开发企划阶段到商业化应用的知识产权战略，促进智慧农业技术、种子、种苗等知识产权的适当保护和战略性利用。强化品种开发能力，集合全国研究机构力量构建新育种系统，加强收集、保存、利用包括本土品种在内的国内外种质资源。

七是充分利用森林和木材来实现碳中和，最大化吸收和固定二氧化碳。通过林业革新提高森林固碳能力，如再造林建设中大力推广二氧化碳转化率高的优质树木，对人工林利用实现"伐、用、种"良性循环，实现林业生产产业化。开展全民植树活动，提高森林覆盖率。扩大木材使用范围实现碳储存，如推进高层建筑物木结构化、推进木材利用多样化（在家具、办公室、建筑外墙上应用木材）。

（二）政策改革

在技术革新应用基础上，分阶段制定补助、投融资、税收等政策引导。

一是调整补助对象，将补助对象集中于可持续农林水产从业者。园艺设施补助对象是到 2050 年完全转变为不使用化石燃料的设施，其他农林水产补助对象为到 2040 实现碳中和的从业者。

二是扩充补助金，挂钩环保条件，减轻环境压力。在农林水产领域设定与环境保护相关的要求（称为"交叉遵守"），实施可持续发展机制，推进政策绿色化。

三是对环境友好型农业企业进行补助。鼓励企业在运营时进行可持续原材料采购、减少温室气体排放、减少废弃物、促进资源循环利用，对需要帮助的中小企业进行补助，并建立信息公开机制。此外，还将讨论吸引 ESG 投资的具体促进方案。ESG 代表环境（Enviroment）、社会（Social）和治理（Governance），ESG 投资属于绿色投资领域，也被称为社会责任投资。

四是听取相关从业者意见，推动各方通力合作。政府将向国民及时披露战略措施及实施进展等信息，并与有关人士交换意见确保各方通力合作。

四、对我国的启示

近年来，欧美日等发达经济体均出台农业减排和可持续发展战略议程，并通过建设碳交易市场利用市场机制控制碳排放总量。经过 10 年试点，我国碳排放权交易市场最终于 2021 年 6 月底启动，覆盖排放量超过 40 亿吨，将超越欧盟成为全球覆盖温室气体排放量规模最大的碳市场。作为农业生产和消费大国，目前我国农业领域碳中和任务十分艰巨，应及早制定相关战略规划，积极采取有力措施争取在国际标准制定和国际竞争中走在世界前列。

（一）构建可持续发展粮食体系，制定并推出农业领域减排措施

新冠肺炎疫情凸显了全球粮食系统的脆弱性，为此联合国拟于 2021 年 9 月召开全球粮食系统峰会，各成员积极响应，欧美日等纷纷出台农业领域相关战略，为构建全球稳定粮食系统做贡献。2020 年 9 月，习近平主席在 75 届联大上作出中国减排承诺，力争 2030 年前二氧化碳排放达到峰值，2060 年前实

现碳中和。农业领域一方面要为构建全球稳定粮食系统做出贡献，另一方面也要响应国内减排承诺，在农业生产、流通、消费各环节制定并推出减排措施。

（二）以"两区"为抓手推广农业减排措施

我国是农业大国，应抓住重点，以点带面推广实施农业减排措施。建议依托粮食生产功能区和重要农产品生产保护区建设，将支持补贴政策与环保减排挂钩，把"两区"作为农业碳达峰和碳中和的示范区，实施差别化、定向化扶持政策，总结经验教训后再推广至全国。

（三）积极参与国际规则制定，争取国际标准话语权

欧美近年在环保领域制定相应战略，意图在该领域先发制人，将域内标准国际化，如在边境政策中加入碳关税，对不符合环境标准的出口产品加征高额碳关税。作为农产品贸易大国，我国应积极参与相关领域的国际规则制定，避免发达国家将国内规则推广为国际标准，成为新的出口绿色壁垒，对我国农产品出口形成掣肘。

（张明霞，2021年第7期）

日本农业应对原油价格和
物价上涨紧急对策及启示

俄乌冲突以来，全球大宗产品价格快速上涨，主要国家通胀加剧，引发多方关注。近期，日本政府投入 6.2 万亿日元（折合 3 267 亿元人民币，下同）财政资金，实施一揽子应对能源价格和物价上涨紧急对策。其中，711 亿日元（折合 38 亿元）直接用于农业领域，支持补偿生产者损失、稳定进口供应和强化生产体制等，对我国农产品保供稳价具有借鉴意义。

一、日本国内农产品价格上涨情况

俄乌冲突以来，国际粮食价格高涨，日本对俄实施制裁，加剧了价格上涨向国内传导，再加上日本实行宽松货币政策，导致日元贬值，进一步推高日本物价。日本总务省公布的 2022 年 4 月消费者物价指数（CPI）连续八个月上涨至 101.4，比上年同期上涨 2.1%，增幅为近七年来最高。其中，生鲜食品价格同比涨 12.2%，其他食品涨 2.6%。

（一）饲料：国际价格上涨向内传导

日本饲料年消费 2 500 万吨左右，70% 以上的原料依赖进口。2021 年日本饲用谷物进口量 1 288 万吨，其中玉米 1 127 万吨。农林水产省统计的 3 月配合饲料价格同比上涨 15.7%；全国农业协同组合联合会（JA 全农）上调 2022 年二季度全国全畜种配合饲料供应均价，比上季度提高 5.5%。

（二）食品：进口小麦带动价格上涨

日本小麦九成依靠进口，2021 年进口量 513 万吨。农林水产省上调进口小麦的 4 月期（4—9 月）售价，比上期（2021 年 10 月—2022 年 3 月）提高 17.3%，为近 13 年来最高。作为重要食品加工原料，小麦价格上涨全面推高食品售价。据统计，4 月日本加工食品价格上涨 12%；105 家食品加工企业明确表示 2022 年内将上调产品售价，累计 6 167 个品种的食品面临涨价。

（三）化肥：进口供应紧张推高价格

日本化肥原料依赖从中国和俄罗斯进口，2021 年进口量 181 万吨。由于中俄限制出口，日本化肥原料供应短缺，价格大幅上涨。据农林水产省数据，3 月高浓度复合肥售价同比涨 15%。日本通过紧急加大自加拿大和摩洛哥等国进口，以及促进国内化肥原料相互替代等方式，基本保障了春肥供应，但秋肥供应不确定性较大。

（四）水产品：进口成本增加导致涨价

日本水产品半数以上来自进口，俄罗斯是其第三大进口来源国，2021 年自俄进口额 1 382 亿日元（折合 73 亿元）。俄乌冲突以来，日本水产品进口成本上涨。一方面对俄撤销"最惠国待遇"，自俄水产品进口税率提高；另一方面俄乌冲突致欧洲空运航线改变，自挪威等国进口水产品需避开俄罗斯领空，运费大幅增加。日本 4 月俄产红鲑和鳕鱼子等的批发价上涨 10%～20%，挪威产三文鱼每千克上涨超过 500 日元（折合 26 元）。

二、日本应对农产品价格上涨的综合措施

2022 年 4 月 26 日，日本政府公布一揽子应对能源价格和物价上涨紧急对策，投入 6.2 万亿日元财政资金。其中，1.5 万亿日元补贴石油分销商以抑制油价上涨；1.3 万亿日元为中小企业提供低息贷款；1.3 万亿日元补贴低收入家庭；0.5 亿日元确保能源、原材料和食品稳定供给。直接拨付给农业领域的有 711 亿日元，农林水产省公布了相关资金使用安排。

（一）435 亿日元（折合 23 亿元）用于补偿饲料生产者损失

全部用于配合饲料价格稳定制度的异常补偿基金，向饲料生产者支付补偿金。当饲料原料进口均价超过基准价（上年进口均价）但低于基准价的 115%时，仅启动通常补偿金；当进口均价超过基准价的 115%时，则在通常补偿金的基础上再启动异常补偿金。两种情况的补偿金额均为进口均价与基准价之差。此外，在 2022 年预算范围内，新增饲料粮跨地区流通计划，支持本地区畜牧养殖户加强与外地区经销商和耕地农民的对接合作，开展跨地区产销对接，设置简易饲料仓库，提高流通效率。

（二）125 亿日元（折合 6.4 亿元）用于降低食品加工成本和强化国产小麦供应

其中，100 亿日元用来支持食品加工企业研发低成本新商品以及引进新加工方法，如生产用米粉和国产小麦替代进口小麦制成的面包、改用非油炸制法等；12.3 亿日元用于提高国内小麦生产能力，包括支持土地集约化、扩大种植面积、引进农业技术和机械以及推进水田小麦生产等；12.4 亿日元用于补贴食品加工企业储存国产小麦所需费用。

（三）100 亿日元（折合 5.3 亿元）用于开拓化肥进口渠道

为化肥生产商缓解从替代国进口时因运输和仓储等成本上涨而造成的经费紧张，确保秋肥供应。此外，调整 2021 年补充预算的使用，促进从常规施肥体系向成本降低的体系转变。支持制定适合各地区的施肥计划，推广土壤诊断和成本降低技术，根据对土壤状况的分析结果进行施肥设计，对农民开展施肥指导；灵活运用遥感生长诊断、无人机施肥、局部施肥和可变施肥等技术，有效减少施肥量、降低生产成本，并对效果进行信息发布。

（四）50 亿日元（折合 2.6 亿元）用来支持水产加工方式转变

援助经营俄产水产品以及自俄进口相同水产品的加工企业，为其产品运输、开拓销路、国产原材料采购和引进新加工设备等提供所需经费，每个企业获得的补贴上限为 5 500 万日元（折合 290 万元）。

（五）1 亿日元（折合 527 万元）用来保障低收入人群和儿童食品供应

增加食品银行的食物供应量，加强食品供应企业和儿童食堂的对接。灵活运用政府储备米，为儿童食堂提供免费食物。

加强对农业生产者的金融支持。一是从日本政策公库和农业近代化基金等机构贷款时，前 5 年无利息和无担保；二是受影响严重的企业最高可从农业安全网资金贷出其年经营费用的 1.5 倍或 1 800 万日元（折合 95 万元），为通常情况的 3 倍。

三、对我国的启示

目前我国春播基本结束、夏粮丰收在望，奠定了全年农产品价格稳定运行的基础。但在国际市场波动加剧、我国进口处于高位的情况下，国内饲料、食品和化肥等价格也出现一定程度上涨。可借鉴日本有关措施，在保障农业生产的同时，更好地应对外部冲击，不断强化国内重要农产品保供稳价。

一是夯实农业生产，推动降本增效。日本注重加强国内小麦生产、减少进口依赖，同时精准施肥、降低生产成本。建议我国在稳定口粮播种面积的基础上，不断优化品种布局，扩大优质高低筋小麦和优质香米种植规模，扩种大豆和油料等紧缺产品。促进降低农业生产成本，继续推广测土配方施肥、水肥一体化、有机肥替代化肥和物理/生物防治病虫害等实用技术，减少农药和化肥使用量，提高利用率。

二是完善补贴机制，加强企业扶持。日本大力补贴化肥、饲料生产企业以及食品加工企业，避免生产成本上涨转嫁给消费者。建议我国强化饲料市场价格调控，锚定玉米等原料价格，制定原料价格过高时对饲料生产企业的补贴标准。加大对化肥生产企业扶持力度，从减税降费、原材料供应、运输流通和产销对接等方面支持企业增产保供。

三是拓宽进口渠道，降低进口风险。日本支持开辟化肥原料等的多元化进口渠道。建议我国进一步稳定钾肥供应，与主要钾肥供应国加强合作，加大自俄罗斯和白俄罗斯钾肥进口。提高主动参与全球供应链的能力，聚焦农资生产、仓储物流和港口码头等重点领域，培育具有国际竞争力的大型农资企业集团。

四是发展食品银行，帮扶贫困人群。日本关注低收入者和儿童的食物供给，加强食品供应企业和有关机构对接。建议我国支持建立食品银行等社会公益机构，推动相关管理制度出台，加强与超市、食品企业等合作，通过线上线下多渠道为实际需要者提供免费食物，以应对食品价格上涨的挑战。

（吴薇，2022 年第 9 期）

贸易形势

2019 年我国农产品贸易
新特点和新动向①

2019 年，世界经济充满不确定性和不稳定性，在保护主义和单边主义冲击下，全球经济下行压力明显加大，多国经济同步放缓。全球贸易大幅放缓且增长乏力。据世贸组织预测，2019 年全球贸易增幅在 0.5%～1.6%，贸易增幅持续低于经济增幅，世界经济和国际贸易相互拖累。受农产品需求增长缓慢和主要农产品产量减少影响，全球农产品供求正由宽松状态向基本平衡状态转换，贸易增幅出现下降。在此背景下，2019 年我国农产品贸易总体上平稳增长，进口大幅增长，出口小幅下降。

一、2019 年我国农产品贸易变化特点

（一）全年贸易总额平稳增长，呈"进增出减"特点，贸易逆差创历史新高

2019 年国内宏观经济平稳发展，前三季度 GDP 同比增长 6.2%，居民人均可支配收入同比实际增长 6.1%，为各类农产品需求增长奠定了良好基础。2019 年 1—11 月，我国农产品进出口总额 2 067.3 亿美元，同比增 4.3%。其中进口额 1 358.2 亿美元，同比增 7.1%；出口额 709.1 亿美元，同比降 1.8%；贸易逆差 649.1 亿美元，同比增 20%。预计全年农产品进出口总额将达 2 260 亿美元，同比增 4.3%；进口额 1 476 亿美元左右，同比增 7.7%，出口额 784 亿美元，同比降 1.6%；贸易逆差约 692 亿美元，同比增 20%，创历

---

① 本文为农业农村部国际农业监测体系 2019 年研究成果。

史新高。

（二）预计全年谷物进口量下降15%以上，油籽进口量约降5%，食用植物油与饼粕进口量大幅增长

2019年1—11月，谷物进口1 600.4万吨，同比降17.6%。其中小麦进口299.1万吨，同比增4.4%；大米进口216.9万吨，同比降22.6%；粗粮进口1 066.4万吨，同比降21.3%。食用油籽进口8 338.6万吨，同比降5.5%。其中大豆进口7 896.9万吨，同比降4.1%。预计全年谷物进口约1 691万吨，同比降17.5%。其中小麦进口约323万吨，同比增4.8%；大米进口约238万吨，同比降22.5%；粗粮进口约1 112万吨，同比降21.3%。食用油籽进口约8 931万吨，同比减5.5%。其中大豆进口约8 446万吨，同比降4.1%。谷物和油籽进口下降主因：一是2019年国内粮食产量创历史新高，市场供给充足，国内外大米价差呈缩减态势，进口动力减弱；二是受中美贸易争端叠加非洲猪瘟疫情影响，对大麦、高粱、DDGs、大豆的饲用需求减少；三是受中国与加拿大关系紧张影响，自加进口油菜籽减少。

2019年1—11月，食用植物油进口1 168.1万吨，同比增41.6%；饼粕进口361.2万吨，同比增69.6%。预计全年食用植物油进口约1 314万吨，饼粕进口约419万吨。植物油与饼粕进口大幅增加主因：一是大豆等食用油籽进口下降形成植物油和饼粕供给缺口；二是方便面等加工食品产量增长带动棕榈油需求增加。

（三）受国内减产预期及价差扩大影响，预计全年棉花进口量同比大幅增长27%，食糖大幅增长21%

2019年1—11月，棉花进口177.7万吨，同比增26.6%；预计全年棉花进口206万吨左右。受国内外棉花价差变动影响，棉花进口先升后降。上半年国际棉价大跌，国内外棉花价差呈扩大趋势，刺激了棉花快速进口；下半年国际棉价大涨，国内外棉花价差呈缩小态势，进口减少。

2019年1—11月，食糖进口317.6万吨，同比增20.6%；预计全年食糖进口约337万吨。增幅较高主因是国内气候条件不利使糖料主产区减产，供求关系趋紧刺激国内市场糖价连续上涨。国际糖价则受前期食糖高库存影响而整体呈下降趋势，在国内外价差不断扩大情况下，食糖进口量大幅增加。

（四）国内肉类产品供求紧张，猪牛羊禽肉进口量均大幅增长，预计全年肉类产品进口量超600万吨

2019年1—11月，猪肉进口173.3万吨，同比增57.9%；猪杂碎进口

103.5 万吨，同比增 15.5％；牛肉进口 147 万吨，同比增 57.3％；羊肉进口 35.5 万吨，同比增 21.8％；禽肉进口 70.9 万吨，同比增 54.2％。预计全年肉类产品进口总量 600 万吨以上。其中猪肉进口 200 万吨左右，同比增 65％；猪杂碎进口 119 万吨左右，同比增 24％；牛肉进口 166 万吨左右，同比增 59％；羊肉进口 39 万吨左右，同比增 23％；禽产品进口 79 万吨左右，同比增 56％。受非洲猪瘟疫情延续叠加环保禁养政策影响，国内生猪供给大幅减少，下半年猪肉价格暴涨，进口需求快速增加。同时猪肉价格上涨使消费向牛羊禽产品转移，带动整体肉类进口激增。

（五）受出口市场疲软影响，我国优势农产品出口出现全面下滑，进口均大幅增长

2019 年 1—11 月，水产品出口 186.3 亿美元，同比降 8.2％，进口 168 亿美元，同比增 22.2％。预计全年水产品出口 205 亿美元左右，同比降 8％；进口 183 亿美元，同比增 23％；贸易顺差缩至 22 亿美元左右。变化原因：一是国内对高蛋白食品消费需求不断增长，水产品出口势头弱化而进口势头增长；二是国内水产品生产成本上涨，在国际市场价格竞争力不断下降；三是全球经济增长放缓叠加中美贸易争端对水产品出口产生负面影响。

2019 年 1—11 月，水果出口 64.1 亿美元，同比增 0.5％；进口 95.7 亿美元，同比增 23.8％。预计全年水果出口 72 亿美元左右，同比约增 0.5％；进口 104 亿美元左右，同比增 24％；贸易逆差扩至 32 亿美元左右。变化原因：一是我国主动提升水果贸易自由化水平，进口关税降低，高价值水果进口大幅增加；二是气候条件不利导致上半年国内水果供求关系趋紧，对水果出口不利。

2019 年 1—11 月，蔬菜出口 139.8 亿美元，同比增 1.2％；进口额 8.7 亿美元，同比增 19.3％。预计全年蔬菜出口 154 亿美元左右，同比增 1％；进口 10 亿美元左右，同比增 19％；贸易顺差 144 亿美元左右。变化原因：一是国内蔬菜生产成本上涨，产品价格竞争力下降；二是蔬菜产品在日韩等主要出口市场面临越南蔬菜产品激烈竞争；三是主要贸易伙伴经济增长放缓叠加中美贸易争端对我国蔬菜出口不利。

（六）农产品进口来源结构优化，市场集中度下降，中美农产品贸易额同比降 23％

2019 年 1—11 月，我国农产品前五大进口来源地为巴西、美国、澳大利亚、新西兰和加拿大，与上年同期一致，但合计占比同比下降 7.8％，为

47.2％。前五大出口市场为日本、中国香港、美国、越南和韩国，与上年同期一致，但合计占比同比下降3.2％，为47％。中美双边农产品贸易规模179.8亿美元，同比降22.8％；其中自美进口121.2亿美元，同比降22.1％；对美出口58.6亿美元，同比降24.2％。

二、2019年我国农产品贸易反映的突出问题

（一）重要农产品国际市场供应数量有限，无法过度依赖进口保障国内供给

受非洲猪瘟等因素影响，2019年国内肉类产品供求紧张，猪牛羊禽产品进口量都出现大幅增长，全年各种肉类及杂碎进口达600多万吨，占全球肉类产品总贸易量近20％，但也仅能满足国内消费总量的6％～7％。即使把全球3 000多万吨可供贸易的肉类产品都买回来也只够国内消费总量三分之一，无法保障国内肉类消费稳定供给。应该说这给我国高度开放条件下如何保障国内重要农产品有效和稳定供给任务敲响了警钟，即口粮和猪肉等重要农产品国内生产能力必须常抓不懈毫不松懈！大宗农产品保持一定自给水平是非常必要的，中美经贸摩擦背景下的大豆就是典型例子。加快解决大豆等外贸依存度高的农产品进口来源地结构优化和供给保障问题迫在眉睫。

（二）劳动密集型农产品进口全面大幅增长，反映出我国农产品整体国际竞争力下降

在国际农产品贸易增长缓慢大背景下，2019年我国水产品和果蔬产品等传统优势农产品进口均呈大幅增长，水果产品逆差进一步扩大，水产品顺差趋小，这种变化一定程度上反映了入世以来我国不仅是粮棉油糖等土地密集型产品进口增长迅速，果蔬产品和水产品等劳动密集型产品进口也进入全面快速增长阶段，农业整体国际竞争力呈不断下降趋势。随着劳动人口逐渐减少、人口红利逐渐消失及农业劳动力成本不断攀升，预计未来我国劳动密集型农产品比较优势还将进一步丧失，高度开放条件下如何全面系统提升农产品国际竞争力日显迫切。

（三）全球农产品贸易环境日趋复杂，贸易摩擦频繁发生

当前全球政治经济格局快速变化，全球经济下行压力加大，贸易保护主义盛行，农产品贸易在各国政治外交中的地位和作用不断提升，其政治性、经济性和外交性叠加效应日趋明显，使得我国农产品贸易面临的环境更为复

杂，各种贸易摩擦频繁发生。现行的国际贸易摩擦解决机制基本由西方国家建立，依据的是西方贸易经验，在此机制下解决贸易摩擦我国多处于劣势地位，这已在中美贸易争端中突出体现。2018 年中美贸易摩擦以来，我国主要是通过单纯的限制相关农产品进口方式进行反制，而国内农产品供给能力有限制约了反制措施的实施效果。因此须加强农产品国际贸易监测预警与应对机制建设。

三、2020 年农产品贸易趋势与展望

（一）全球经贸形势转为稳中向好，但不稳定因素仍然存在

预计 2020 年全球经济发展将保持稳中向好态势。国际货币基金组织预计 2020 年全球产出增长 3.4%，比上年高 0.4%。国际贸易环境也将有一定程度改善，特别是中美就第一阶段经贸协议文本达成一致对缓解全球贸易紧张局势发挥了重大积极作用。但全球经济仍存在一定的不确定性：一是中美贸易协商走入深水区；二是伊朗问题开始走向激化；三是美国大选及贸易政策不确定性显著增强。预计 2020 年国际经贸形势呈稳中向好态势，但仍存在较大不确定性。

（二）全球大宗农产品供求关系发生重要变化，正从基本宽松转向基本平衡

据联合国粮农组织数据，全球大宗农产品除小麦产略大于需 600 万吨外，粗粮、大米、食用油、饼粕、食糖等均产不足需，特别是粗粮产需缺口达 800 万吨。较上一市场年度，小麦库存消费比上涨 0.2%，粗粮库存消费比下降 2.6%，大米库存消费比下降 0.9%，食用油库存消费比下降 2.3%，饼粕库存消费比下降 4%，食糖库存消费比下降 2.2%。另据美国航空航天局消息，2020 年太阳活动将进入极小期，全球气温可能会进入一个下降周期，对全球农产品生产不利。总体看，自 2012 年以来全球主要农产品市场经历下行周期即将进入新的阶段，2020 年全球大宗农产品供求关系可能发生重要变化，其特征就是从长期基本宽松向基本平衡转变，未来几年进入供求偏紧的可能性不断上升。

（三）农产品贸易在国际政治外交博弈中的作用继续增强，贸易政策与贸易摩擦的不确定性带来的影响越来越大

近年来全球农产品贸易环境整体趋于复杂。伴随着全球贸易保护主义不断

回潮，农产品贸易在政治外交中的地位和作用显著提升，农产品贸易受政治外交变化影响也越来越大。从当前贸易摩擦案例中可清晰看到，某些发达国家和地区行政权力在贸易问题上被滥用，全球范围内贸易摩擦的发生更加难以预测与应对。在这一环境与背景下，我国农产品贸易发展受国内外贸易政策调整与贸易摩擦影响会日益增大。

（四）预计 2020 年我国农产品进口将继续大幅增长

一是国内消费需求增长明显快于全球需求增长，价差驱动进口增长仍发挥主要作用；二是非洲猪瘟对国内养殖业的影响预计可能持续到 2020 年下半年，国内猪肉价格上涨引发消费者向禽类和牛羊肉进行转移消费，一方面拉动国内相关养殖行业发展，对玉米、大豆等作物的饲用需求上涨，另一方面将直接带动禽肉和牛羊肉进口增加；三是中美第一阶段经贸协议实施，我国将大幅增加对美农产品进口，将带动农产品整体进口快速增长。

（五）预计 2020 年我国农产品出口形势难以明显改善

在单边主义和保护主义抬头、全球范围内非关税措施激增及世贸组织陷入改革纷争等复杂多变形势下，全球农产品贸易改善难度较大，我国农产品主要出口市场需求难以改善。我国对日欧等国家和地区优势农产品出口增长将较艰难，对美农产品出口将有小幅增长。总体看，2020 年我国农产品出口将出现一定幅度增长，但出口形势难以明显改善。

四、政策建议

（一）加快转变农产品贸易发展指导思想，为高度开放条件下推动农业高质量发展创造良好环境

入世以来我国政府依据发展阶段国情和国际规则要求构建了农业支持保护体系，为农业持续健康发展创造了良好环境。但需看到，十八大以来随着五大发展新理念深入贯彻实施，农业发展面临着越来越多的新要求，对外开放水平全面提升、生产发展越来越绿色环保、消费者对高质量农产品需求日趋旺盛等。新形势下"简单防守"的农产品贸易思想已无法适应国内外贸易环境要求，要加快改变发展思路和创新指导思想，加快系统改革和完善农业支持保护政策体系，在坚持"口粮绝对安全、谷物基本自给"前提下，扩大提升和优化农产品贸易，促进供给侧结构性改革和高质量发展。

（二）加快优化自美农产品进口结构，最大限度降低对国内相关产业冲击

当前中美将就第一阶段经贸协议文本达成一致，我国承诺大幅增加自美农产品进口。如果按照既有自美农产品进口结构同比例增加进口，来自美国廉价小麦等大宗农产品一方面会对国内已供大于求的市场产生较大冲击，也不利于这些重要农产品进口来源的多样化布局；另一方面如果短期内小麦等重要农产品进口大量增加也可能会对国内生产造成冲击，不利于国内产业持续健康发展。因此，应尽快研究优化细化自美进口产品结构。

（三）加快优化主要农产品进口来源布局，提高我国重要农产品全球贸易保障能力

从目前我国农产品进口来源地结构看，市场集中度仍较高，农产品进口来源结构优化程度有待提高。中美贸易摩擦背景下我国大豆供应保障即是鲜活例子，尤其是国内需求量大、进口量在全球贸易中占较大份额，出口国家和地区又相对集中的农产品亟须优化进口来源布局。2018 年下半年到 2019 年大豆进口依存度较高、进口来源地过于集中，猪肉的国际市场供给无法短期内适应和满足国内需求等问题都对我国充分挖掘国际市场供给潜力，加快优化主要农产品进口布局提出了新要求。尤其是在全球贸易摩擦发生频次不断上升背景下，需从全球视野和长期角度加快优化重要农产品贸易保障格局，提高我国全球贸易保障能力。一方面需加快挖掘"一带一路"沿线国家农产品生产和出口潜力，利用区域和双边自贸协议为农产品供给提供新的增长点；另一方面要加快综合利用财政、税收和对外投资等多种手段助力我国涉农企业在全球重要农产品供应链和价值链中发挥重要作用。

（四）以"稳定大宗、突出特色"为发展思路，全面提升农业国际竞争力

应该说，入世以来我国构建的农业支持保护体系主要是针对粮棉油糖等大宗农产品产业发展，受财力和政策经验限制，对众多广泛特色农业产业给予的政策支持远远不够。需要看到我国人多地少水更少的基本国情，意味着土地密集型的大宗农产品将无法具备美洲和大洋洲这些新大陆国家的竞争优势；相对来说我国地域广阔、生态条件多样及数千年形成的悠久农耕文明是世界上多数国家都不具备的独特条件，上千种特色优势产业蕴含着巨大的竞争优势，因此要以"稳住大宗、突出特色"为主线创新农业发展思路，对现行农业产业支持

保护政策体系进行大幅改革调整，在加强粮棉油糖等大宗农产品产业支持保护的同时，加快对遍布全国的各类特色农业探索建立产业支持政策体系，有针对性地扶持，全面提升农业特色产品国际竞争力。

（五）根据国内外发展形势新要求，加快改革和优化我国农业贸易政策体系

一是市场准入方面，进一步科学系统研究和量化哪些产品还有降税空间，为未来主动扩大进口提供可能；二是对口粮等重要农产品精确使用微量允许支持措施，在世贸组织规则范围内用足用好；三是尽快系统研究和扩大"绿箱"政策使用范围，不仅是保险投入和资源环境保护补贴，也要充分利用开放过程中农民就业转移补贴以及产业结构调整援助补贴等；四是要针对部分具备较大出口潜力的特色农产品提供出口基地建设和国际品牌培育支持；五是加快创新和完善我国农产品贸易方式和手段，加快发展跨境电商等农产品贸易新形式，在跨境支付、跨境物流上创新监管方式，探索区块链技术在农产品贸易中的应用，削弱汇率波动对我国农产品贸易的不利影响；同时加强对"一带一路"沿线国家和地区农产品供求和贸易等监测预警工作，为我国农产品进口市场多元化选择提供决策依据。

（韩一军、高颖、纪承名，2020 年第 1 期）

2020年上半年我国农产品
贸易形势分析与展望

2020年上半年国内外形势复杂，新冠肺炎疫情蔓延导致全球经济陷入衰退，中美关系不断趋紧；国内经济在及时控制疫情后呈V形反转并保持持续快速恢复势头。在此背景下，我国农产品贸易总额整体平稳增长，进口大幅增加，出口略降，逆差进一步扩大；谷物、大豆、畜产品、食糖等大宗农产品进口快速增加，优势出口产品水产品、蔬菜出口下降，顺差继续收窄，水果逆差进一步扩大。

一、2020年上半年我国农产品贸易特点

（一）农产品贸易总额平稳增长，"进增出减"特点更加明显，逆差进一步扩大

2020年上半年我国农产品贸易总额1 166.8亿美元，同比增长7.4%。其中进口812.6亿美元，增长13.1%；出口354.2亿美元，下降3.8%，"进增出减"特点更加明显。贸易逆差扩大至458.4亿美元，增长30.9%。

（二）小麦大幅上涨助推主粮进口涨幅超三成，高粱进口增幅达154.8倍

谷物进口量1 259.9万吨，同比增长33.9%。三大主粮进口量824.8万吨，同比增长34.3%，其中小麦进口335.2万吨，增幅达90.3%，小麦进口大幅上涨是驱动主粮进口增加的主要因素；玉米进口365.7万吨，增长17.6%；大米进口123.8万吨，下降2.4%。除主粮以外的其他谷物进口量为435.1万吨，同比增长33.1%。其中高粱进口177.7万吨，增加154.8倍；其他玉米替代品大麦和干玉米酒糟（DDGs）进口量均下降，大麦进口244.5万吨，下降20.8%；DDGs进口1.9万吨，下降47.7%。

（三）油脂油料进口形势分化，油籽进口增加，植物油进口下降

食用油籽进口4 811.7万吨，同比增长16.6%。其中大豆进口4 504.4万

吨，增长 17.7%；油菜籽进口 147.5 万吨，下降 23.4%；花生进口 75.7 万吨，增加 1.8 倍。食用植物油进口 485.8 万吨，同比下降 1.3%，其中棕榈油进口 260.3 万吨，下降 19.5%。

（四）棉花进口大幅下降 23.6%，食糖进口增长 16.2%

棉花贸易总量 94.4 万吨，同比大幅下降 24%，其中进口 94 万吨，下降 23.6%，出口 0.4 万吨，下降 64.4%。食糖贸易总量 132.6 万吨，增长 15.2%，其中进口 124.3 万吨，增长 16.2%，出口 8.3 万吨，增长 1.9%。

（五）畜产品进口基本上呈现全面大幅上涨，肉类进口激增

畜产品进口总额 240 亿美元，同比增长 43.4%。其中，猪肉进口 207.4 万吨，增加 1.5 倍；禽产品进口 66.6 万吨，增长 87.4%；牛肉进口 99.7 万吨，增长 42.9%；羊肉进口 20.6 万吨，下降 4.4%；奶粉进口 74.8 万吨，下降 2.9%。

（六）蔬菜、水产品出口下滑，水果逆差进一步扩大

蔬菜出口 71.5 亿美元，下降 1%，顺差 66.3 亿美元，下降 1.8%；水产品出口 84.5 亿美元，下降 16.3%，顺差 5.3 亿美元，缩小 60.8%。水果出口 29.9 亿美元，增长 21%，逆差 36.9 亿美元，扩大 5%。茶叶出口 10.7 亿美元，增长 5.3%。

（七）进口贸易集中度上升，出口贸易集中度下降，中美农产品贸易继续回暖

上半年前五大进口来源地为巴西、美国、澳大利亚、新西兰和泰国，自前五大进口来源地进口占我国农产品进口总额的 49.6%，同比增加 1.8 个百分点；前五大出口市场为日本、中国香港、美国、韩国和越南，出口合计占我国农产品出口总额的 45.7%，下降 1.7 个百分点。上半年中美农产品贸易继续回暖，贸易总额 118.7 亿美元，增长 36.5%，进口额 88.2 亿美元，实现中美第一阶段经贸协议中 2020 年对美农产品贸易机会的 24.1%。

二、上半年我国农产品进出口变动的主要影响因素

（一）我国经济逐渐复苏，为农产品需求保持高位提供了坚实基础

在党中央、国务院的坚强领导下，我国新冠疫情防控得力，在保持对新冠

疫情防控的高压态势下，经济社会生活逐步恢复正常，在全球主要经济体中率先实现经济复苏。上半年国内生产总值 456 614 亿元，按可比价格计算，同比下降 1.6%。但分季度看，一季度同比下降 6.8%，二季度增长 3.2%。国际货币基金组织 7 月份发布的《全球经济展望》中预测我国是 2020 年唯一能实现经济增长的主要经济体。逐渐恢复增长的经济形势是我国保持对各类农产品消费需求的基石。在疫情常态化防控的基础上，经济生活逐渐恢复正轨，带动水果、乳品、水产品等消费型农产品进口增长。

（二）牲畜存栏量不断上升，助推玉米、高粱、大豆等饲用作物需求增长

尽管上半年猪肉产量同比下降 19.1%，但是降幅比一季度收窄 10%。同时生猪产能也在逐步恢复，二季度末生猪存栏比一季度末增长 5.8%，能繁母猪存栏同比增 5.4%。牛、羊、家禽存栏量均增长，分别增 2.5%、0.2% 和 6.3%。畜禽存栏量的不断上升，带动玉米、高粱、大豆等饲用需求增加，带动相关产品进口。

（三）非洲猪瘟叠加新冠疫情带动国内肉类产品价格上行，刺激进口增长

非洲猪瘟叠加新冠疫情导致国内肉类供求偏紧预期增强，带动肉类价格全面上涨。其中，上半年猪肉价格同比上涨 96.6%，牛肉、羊肉、鸡肉和鸭肉价格均有 7%～20% 的涨幅，刺激了相关肉类产品的进口。

（四）中美第一阶段经贸协议有序落实，带动自美大豆、猪肉、高粱等产品进口大幅增长

根据中美第一阶段经贸协议农业相关内容，中方将按照市场化原则，在 2017 年基期水平上，在 2020 年给予美国农产品 366.2 亿美元的贸易机会。在此背景下，上半年自美大豆、猪肉、高粱、小麦进口迅速增长，进口量分别为 923.8 万吨、40.8 万吨、173.6 万吨和 10.3 万吨，同比分别增长 56.5%、5 倍、11 057.3 倍和 1.5 倍。

（五）新冠疫情背景下全球经济下滑、需求放缓对我国农产品出口增长产生不利影响

一是新冠疫情导致全球经济陷入自 1929 年大萧条以来最严重的经济衰退，外部出口环境不佳，导致我国优势农产品水产品、水果、茶叶出口增速放缓甚

至下降；二是我国部分农产品主要出口市场疫情较为严峻，学校、工厂、外出就餐等需求总体上仍然呈现出萎缩态势，不利于我国农产品出口；三是新冠疫情仍然在全球蔓延，人员往来、劳动力聚集等正常经济活动难以恢复，传统农产品贸易促进方式难以开展，影响农产品出口新增订单。

三、下半年我国农产品贸易形势展望

（一）农产品进口将进一步增长

下半年我国农产品进口将继续维持增长态势，原因如下：一是下半年国内外农产品价差将继续维持高位，刺激大宗农产品进口，全球经济下行，农产品需求不振，国际大宗商品价格可能将继续维持低位徘徊局面，国内外价差扩大或将带动粮棉油糖大宗农产品进口；二是国内正常经济活动秩序正在恢复，也将提振农产品消费需求，特别是下半年节庆活动较为密集，在疫情得到控制的基础上，外出就餐消费可能会有较大规模回升，进而带动进口增加；三是中美第一阶段经贸协议落实，将驱动整体农产品进口增加；四是预计非洲猪瘟后续影响仍将存在，国内猪肉供需偏紧，带动肉类产品进口增长，后期随着生猪生产恢复也将带动大豆、高粱、玉米、大麦、DDGs 等饲用作物进口的增加。

（二）农产品出口仍将面临激烈竞争，形势不容乐观

一是全球经济需要较长时间才能恢复到疫情前水平，我国农产品主要出口市场宏观经济下行压力较大，国际市场对我国农产品消费需求减弱，不利于出口；二是国际需求疲软、促销渠道减少导致我农产品出口难以获得新增外部订单；三是运输物流受阻不利于果蔬、水产品等鲜活农产品出口至欧洲、美国等距离较远市场。

四、政策建议

（一）加强出口促进，推动国内、国际双循环促进我国优势农业产业发展

对出口已经有困难的部分产品，例如水产品，要加快帮助企业对接国内相关需求厂商，出口转内销，以内需促发展。对目前经营有困难的农产品出口企业给予财政、信贷、税费减免等多方面支持，帮助其渡过难关。针对传统贸易促进手段失效问题，要创新贸易方式，通过网上展会、电子商务等新型贸易方式促进农产品贸易，加强对出口企业的信息服务。

（二）稳步推进落实中美第一阶段经贸协议

尽管 2020 年以来全球发生新冠肺炎疫情，打乱了正常贸易秩序，但中美第一阶段协议仍稳步推进，已经完成采购目标的 20％以上。考虑到随着我国经济增长进一步恢复，谷物、大豆、畜产品等大宗农产品消费需求也将进一步增加，落实经贸协议仍有空间。尽管目前中美关系出现波折，但仍要稳步推进落实双方第一阶段经贸协议，充分发挥农产品贸易在中美经贸关系中的压舱石作用。

（三）继续加强监测预警，及时收集信息为应对复杂形势提供决策依据

继续利用已经建立的监测预警机制，加强农业贸易监测，及时跟踪中美第一阶段经贸协议落实情况，做好科学预判，提供坚实决策支撑；及时监测全球农产品供求形势及影响因素，积极实施农产品进口多元化战略，做好监测分析，防止因为疫情和落实协议两方面作用下导致大豆等重要农产品进口集中度过高，不利于保障我国农产品供应稳定。

（韩一军，2020 年第 10 期）

2021年我国农产品贸易形势分析及2022年展望

2021年，我国农产品进口激增、出口恢复、逆差骤升，全年贸易额突破3 000亿美元大关，逆差超1 300亿美元，进出口及逆差均创历史新高。展望2022年，国际农产品市场将持续波动，我国大宗农产品进口总体回落，出口保持增长。在新的一年里，需认真贯彻落实中央农村工作会议精神，不断提高粮油自给率，加强粮食和重要农产品进口稳定性和可靠性，大力促进优势特色农产品出口。

一、2021年农产品贸易总体形势

2021年，国际农产品市场波动加剧，大宗农产品价格全面上涨，全球农产品供应链不稳。但全球经济逐渐复苏，国内外农产品需求持续释放，我国农产品进口大幅增长，出口转降为增。

一是贸易额突破3 000亿美元，连续七年位居全球第二。受大宗农产品进口量快速增长和国际农产品价格上涨影响，2021年我国农产品贸易额3 041.7亿美元，同比增长23.2%，创历史新高。增速不仅高于美国、巴西等农产品贸易大国，也高于全国货物贸易21.4%的增速。农产品贸易额较3年前增加1 000亿美元、较10年前翻一番。我国连续七年稳居全球第二大农产品贸易国，仅次于美国。

二是进口近2 200亿美元，比上年增加500亿美元，为历史年度最大增量。2021年，我国农产品进口2 198.2亿美元，同比增长28.6%，进口增速创近10年同期最高。粮食（大豆和谷物）进口735.9亿美元，增长50.3%；棉花进口41.9亿美元，增长16.6%；食用植物油进口115.7亿美元，增长32.8%；食糖进口22.8亿美元，增长26.7%；肉类（含杂碎）进口321.6亿美元，增长4.6%；乳品进口134.8亿美元，增长13.6%。

三是出口超840亿美元，扭转"两连降"颓势。2021年，我国农产品出口843.5亿美元，同比增长10.9%。出口连续下降势头得到有效遏制，出口额较疫情发生前（2019年）和中美经贸摩擦前（2017年）分别增长7.4%

和 12.3%。

四是贸易逆差首超千亿美元，比三年前翻了一番。 2021 年，我国农产品贸易逆差 1 354.7 亿美元，同比增长 42.9%，比 2018 年增加 1.3 倍。2012—2018 年我国农产品贸易逆差基本稳定在 500 亿美元左右，近 3 年持续大幅扩大，2019 年为 718 亿美元，2020 年达 954 亿美元。

五是贸易集中度增加，自美进口比重提高。 2021 年，我国农产品进口前五大来源地是巴西、美国、东盟、欧盟和新西兰，合计占进口额的 68.9%，集中度同比上升 2.5 个百分点；出口前五大市场是东盟、中国香港、日本、欧盟和美国，合计占出口额的 69.6%，集中度上升 0.7 个百分点。2021 年，中美农产品贸易额大幅增长 53.8%、达 464 亿美元，占比由 12.2% 提高至 15.3%。

二、主要农产品贸易特点

价格上涨是我国农产品进口额大幅增长的主因，执行中美协议、国内饲料粮需求增加等是重要动因。价格上涨因素致大豆进口额增加 150 亿美元，自美进口增加 140 亿美元。从全年进口情况看，玉米、小麦、食糖、乳品等量、额均增，大豆、棉糖等量减额增，猪肉量、额齐减。水产品、蔬菜和茶叶出口增长，水果下降。

一是粮食进口总量达 1.6 亿吨，其中主要谷物产品均显著增长，大豆小幅下降。 2021 年，粮食进口快速增长，进口量 1.62 亿吨，同比增 19%。其中，玉米进口 2 835 万吨、增 1.5 倍，大麦 1 248 万吨、增 54.5%，小麦 977 万吨、增 16.6%，高粱 942 万吨、增 95.6%，大米 496 万吨、增 68.7%；大豆进口 9 652 万吨、降 3.8%，但进口额增 35.4%。

二是棉花和食用植物油进口量下降，食糖进口创历史新高。 2021 年，棉油进口量均小幅下降，食糖保持增长。棉花和食用植物油进口量分别为 215 万吨和 1 039 万吨、同比降 0.6% 和 3.7%，但进口额增 15.3% 和 32.6%；食糖进口量 567 万吨、增 7.5%。

三是肉类进口总体小幅下降，乳品增长近两成。 2021 年，肉类进口 938 万吨、同比降 5.4%。其中，猪肉（含杂碎）进口量、额为 500 万吨和 131.9 亿美元，分别降 12.7% 和 11.3%；禽肉 148 万吨、降 4.7%；牛肉（含杂碎）236 万吨、增 10.4%。乳品进口 391 万吨、增 18.6%，其中奶粉 157 万吨、增 17.3%。

四是水产品领衔出口增长，蔬菜和茶叶均增，水果贸易逆差扩大。 2021

年，水产品出口 218.7 亿美元、同比增 15%，占出口总额增量的三成多；蔬菜 157.7 亿美元、增 5.6%；茶叶 25.3 亿美元、增 16.6%。水果出口从上年的高位回落，出口 75 亿美元、降 10.1%；贸易逆差 70.1 亿美元、扩大 1.6 倍。

三、2022 年农产品贸易展望

在疫情反复、阶段性供需偏紧、农资价格上涨、能源和金融市场传导等因素影响下，2022 年大宗农产品价格仍有上涨动力，国际农产品市场不稳定因素犹存。随着国内供需关系持续改善，粮食等大宗产品进口将有所回落，优势特色农产品出口保持增长。

（一）大豆产量增加，消费增长放缓，进口同比持平

在大力扩种大豆政策引导下，2022 年大豆种植面积增加 2 200 万亩以上，产量增加约 300 万吨。考虑到大豆压榨增速放缓、食用植物油进口增长等因素，预计进口量与上年持平，约 9 600 万吨。

（二）玉米产需缺口缩小，进口从高位回落

在玉米种植收益提高激励下，2021 年国内玉米产量达创纪录的 2.73 亿吨，增产 1 190 万吨，按稳玉米的总体思路，2022 年玉米产量将保持稳定。预计总消费量 2.94 亿吨，增长 750 万吨，产需缺口进一步缩小，进口量将在 2 000 万吨以内。

（三）小麦和大米饲用消费减少，进口动力减弱

随着国内玉米价格下跌，小麦对玉米的饲用替代优势消失，2022 年进口量将降至 600 万吨左右。2021 年大米进入饲用领域致长粒米碎米进口大幅增长，2022 年大米消费量预计下降 600 万吨，稻谷拍卖与 2021 年持平，进口量降至 350 万吨。

（四）猪肉国内供给充足，内外价差收窄，进口持续下降

目前国内猪肉供需较为宽松，全国能繁母猪存栏量 4 296 万头，较产需平衡水平高 4.8%。2022 年猪肉 8% 的进口暂定税率取消，恢复为 12% 的最惠国税率，内外价差进一步收窄，抑制进口增长，预计进口量约 200 万吨。

（五）棉糖库存增加，进口低于上年水平

2022 年，国内棉纺企业消费降温、库存增加，预计国内棉花产量为 583 万吨、降 9.3%，进口量将维持在 200 万吨以上。食糖每年正常缺口 300 万吨左右，近两年进口量均超过 500 万吨，结余由负转正。预计 2022 年国内食糖产量小幅增加，消费量与往年持平，剔除政策因素影响，食糖进口可能从高位回落，但仍在 300 万吨以上。

（六）农产品出口将延续小幅增长态势

2022 年，全球经济将持续复苏，我国农产品出口将延续增长态势，但增速不及 2021 年，出口额预计在 870 亿美元左右。其中，水产品出口将达 230 亿美元，超过中美经贸摩擦前水平；蔬菜出口 160 亿美元左右，同比基本持平；水果出口近 80 亿美元，同比略增。

四、有关建议

2022 年，按照中央农村工作会议保障好初级产品供给的要求，在毫不放松抓好粮食和重要农产品生产供应的同时，密切关注国际农产品市场形势变化，积极应对风险挑战。

（一）保障粮食和重要农产品稳定进口

着力提高大豆、油料自给率，逐步降低进口依赖，合理调控谷物、棉油糖、肉类等产品进口。大力推动进口来源地和渠道多元化，跟踪评估中美第一阶段经贸协议及后续政策走向，强化与"一带一路"沿线国家农产品贸易。

（二）提升农业贸易投资一体化水平

鼓励涉农大型企业集团"走出去"，加大对重点领域和关键环节的投资，在种子、农化、收购、加工、仓储和码头等环节合理布点，提升对全产业链的影响力。推动农产品贸易和农业对外投资协同发展，研究对企业在境外生产的农产品回运的优惠政策。

（三）强化农产品出口促进

充分发挥农产品出口富民增收作用，助力巩固脱贫攻坚成果。紧抓 2022 年 RCEP 生效、中韩建交 30 年等机遇，加强多双边交流合作，为农产品出口

创造良好外部环境。在农业国际贸易高质量发展基地开展出口促进政策先行先试，加快培育农业国际竞争新优势。

（四）发展农产品贸易新业态新模式

顺应数字技术和线上交易加速发展新趋势，完善跨境电商产业链和生态圈，带动跨境电商快速发展。探索以农业服务贸易为突破口，推动农资农机等投入品及配套服务出口。召开首届全球农业服务贸易大会和国际服务贸易展览会，引领国际农业服务贸易发展方向，推动出台相关规则和标准。

（杨静、吴薇、孙玥、刘武兵，2022 年第 2 期）

2022 年上半年我国农产品
贸易形势分析及展望

2022 年上半年，新冠疫情、俄乌冲突和极端天气影响交织叠加，国际农产品市场经历了 2011 年粮食危机以来最动荡的时期。我国农产品贸易也受到一定影响，但总体实现稳定增长。大宗农产品进口呈"量减额增"特征，优势特色农产品出口"量额齐增"。随着各国加强对俄乌冲突影响的应对，预计下半年国际市场运行趋于平稳，我国农产品进口呈分化态势，出口仍将保持增长。

一、农产品贸易面临近年来最复杂外部环境，但总体实现了稳定发展

（一）国际贸易环境复杂多变

上半年，新冠疫情的影响仍在持续，俄乌冲突的爆发又给全球经济造成严重冲击，我国农产品贸易面临的风险挑战明显增多。全球粮食产量近四年来首度下降。受乌克兰减产和极端天气影响，联合国粮农组织（FAO）预测 2022/2023 年度全球谷物产量 27.85 亿吨，同比下降 0.6%。全球粮食贸易量连续两年萎缩。由于乌克兰出口中断和多国实施贸易限制措施，本年度全球谷物贸易量预计下降 2.6%，至 4.63 亿吨。国际农产品价格创历史新高。在俄乌冲突刺激下，FAO 食品价格指数于 3 月飙升至 159.3 点的历史新高，上半年均值为 151.2 点，较上年同期增长 25.1%。

（二）农产品贸易额增速放缓

上半年，我国农产品贸易总额 1 616.8 亿美元，同比增长 10.4%，增速较上年同期下降 16 个百分点，与全国货物贸易增速基本持平。目前我国仍稳居全球第二大农产品贸易国，贸易规模仅次于美国。从进口看，农产品进口额 1 145.4 亿美元，同比增长 6%，增幅同比大幅下降 27.9 个百分点。从出口看，农产品出口额 471.4 亿美元，同比增长 22.8%，增速为近 11 年来同期最高。从逆差看，由于出口增速快于进口，贸易逆差同比缩小 3.3%，至

674 亿美元。

（三）与主要贸易伙伴保持增长

上半年，我国与东盟、美国和巴西等国家和地区的农产品贸易额均实现了两位数的增长。特别是 2022 年《区域全面经济伙伴关系协定》（RCEP）生效实施，我国与 RCEP 伙伴国的农产品贸易额达 519 亿美元，同比大幅增长16.8％。前五大进口来源地为巴西、美国、东盟、欧盟和新西兰，合计占农产品进口额的 70.1％，其中自欧盟进口下降、自其他来源地均增长。前五大出口市场为东盟、欧盟、日本、美国和中国香港，合计占农产品出口额的69.2％，其中对美欧出口增长显著。

二、农产品进口"量减额增"，大宗农产品进口量全面下降，自乌克兰粮油进口几近中断

（一）价格上涨是进口额增长的主因

受俄乌冲突影响，国际小麦、大豆和棕榈油价格均创历史新高，玉米和棉花达到历史次高价，在一定程度上抑制了进口需求，并大幅拉高了进口价格，使大宗农产品进口普遍呈现"量减额增"的特征。据测算，价格上涨因素导致上半年我国农产品进口额增加约 190 亿美元，其中大豆、牛肉和谷物进口额分别增加 60 亿美元、20 亿美元和 19 亿美元。若按上年同期价格计算，我国农产品进口额将同比减少 126 亿美元，下降 11.6％。

（二）粮棉油糖肉奶进口量均降

由于国际供应下降、价格高企和国内消费走弱，上半年我国大宗农产品进口量普遍下降。谷物进口 3 214 万吨，同比降 5.1％。其中，小麦进口 494 万吨，同比降 7.8％，自加拿大和美国下降较多；玉米进口 1 359 万吨、降11.1％，自美国和乌克兰进口均降。油籽进口 4 848 万吨、降 6.7％，其中大豆进口 4 628 万吨、降 5.4％，自巴西进口增长、自美国进口下降。食用植物油进口 211 万吨、降 66.5％，其中棕榈油和菜籽油降幅均在六成以上。棉花和食糖分别进口 121 万吨和 176 万吨，同比分别降 26.4％和 13.1％。肉类进口 346 万吨，同比降 31.9％，其中猪肉进口 80 万吨、降 64.2％，牛肉进口115 万吨、增 1.7％。乳品进口 178 万吨，同比降 18％，其中奶粉进口 81 万吨、降 10.9％。

（三）自乌克兰进口大幅下降

俄乌冲突爆发后，乌克兰主要粮食出口港被封锁，仅能通过铁路少量出口。上半年，我国自乌农产品进口额 21.9 亿美元，同比降 28%，其中 5—6 月进口额仅 7 990 万美元，远不及上年同期 11.9 亿美元的水平。乌在我国农产品进口来源的排名从第 9 位降至第 13 位。我国自乌玉米、大麦、葵花籽油和葵花籽粕进口量同比分别减少 147 万吨、50 万吨、39 万吨和 38 万吨。

三、农产品出口"量额齐增"，水产品和蔬菜较快增长，水果逆差扩大

（一）水产品和蔬菜出口保持增长

随着全球消费回暖和国内稳外贸政策持续发力，上半年我国优势特色农产品出口量实现小幅增长，受价格上涨拉动，出口额较快增长。水产品出口 114.5 亿美元，占农产品出口额的近 1/4，同比增 16.1%，墨鱼和鱿鱼、虾类以及鳗鱼等出口均增。蔬菜出口 81.8 亿美元、增 16.5%，蘑菇、大蒜和番茄等出口均增。茶叶由于价格下行，出口额略降 1.1%、至 10.7 亿美元，但出口量 18.7 万吨、增 9.7%。

（二）加工农产品出口显著增长

上半年，国内农产品加工业恢复向好，预制菜产业蓬勃发展，推动加工农产品出口快速增长。罐头出口 21.4 亿美元、增 56.7%，其中蔬菜罐头 15.7 亿美元、增 65.8%。水产品来进料加工出口 20.6 亿美元、增 13.3%。宠物饲料出口 15.8 亿美元、增 31.6%。果蔬汁出口 4.6 亿美元、增 76%，其中苹果汁 2.8 亿美元、增 34.7%。

（三）水果贸易逆差持续扩大

上半年，水果出口 28.6 亿美元、降 12%，柑橘、苹果和梨等出口均降。水果进口 95.6 亿美元、增 15.6%，其中榴莲进口高达 24.6 亿美元，接近我国水果出口总额；樱桃进口大幅增长两成、达 21.6 亿美元。水果贸易逆差 67 亿美元，同比扩大 33.5%。

四、下半年预计国际价格回落，农产品进口呈分化态势，出口保持增长

随着全国新冠疫情得到有效控制，各地餐饮消费需求加快恢复。与此同时，美欧等主要经济体为应对通胀纷纷宣布加息，导致农产品价格快速下跌，目前国际粮油价格已回归至俄乌冲突前水平。

（一）食用植物油进口将快速恢复

俄乌冲突刺激食用植物油国际价格大幅飙升，印度尼西亚等主产国为平抑国内价格上涨，一度禁止棕榈油出口，导致国际供应减少。进口价格高企叠加消费需求下降，上半年我国棕榈油进口量大幅下降，仅为上年同期的1/3左右。5月底，印度尼西亚国内供应情况改善，宣布取消棕榈油出口禁令，近期我国又承诺增加采购100万吨印度尼西亚毛棕榈油，预计下半年我国棕榈油进口将加快恢复，全年进口量在500万吨以上，自印度尼西亚进口将显著回升。

（二）猪肉进口预计与上半年持平

目前国内生猪产能已回归合理区间，存栏量略高于正常保有量，猪肉供需关系宽松。一季度，国内猪肉价格持续走低，存栏量降至阶段性低位，但国际猪肉价格上涨，内外价差缩小，抑制我国进口需求。此外，进口猪肉关税从8％增至12％，进一步抬高进口成本，导致猪肉进口大幅下降。二季度以来，国内猪肉价格回升，存栏量持续恢复，预计下半年猪肉供应稳定增加，进口与上半年基本持平，全年进口量在180万吨左右。

（三）玉米进口持续下降

随着养殖利润逐步恢复，下半年饲料消费也将增长，对玉米的需求仍在高位。由于玉米增产以及上年采购的美玉米大量到港，国内玉米供需关系较为宽松。俄乌冲突以来，国际玉米价格上涨，内外价格持续倒挂，新季玉米上市后，国内玉米价格可能继续走低，我国进口动力减弱。进口来源方面，近期多方签署了《乌克兰粮食安全运输协议》，我国自乌玉米进口将逐步恢复。此外，2022年以来我国相继开放缅甸和巴西玉米进口，进口多元化水平提升。预计玉米全年进口量在2 000万吨左右，同比较大幅度下降。

（四）优势农产品出口将持续增长

近期，国务院部署四方面 13 项举措，力促外贸保稳提质，各省也纷纷出台助企纾困多项举措，稳定农产品贸易发展，大力推动优势农产品"走出去"。展望下半年，受人民币对美元贬值、美国可能取消对华加征关税等因素影响，我国水产品和蔬菜等优势特色产品出口将延续增长态势。但仍需警惕主要经济体经济衰退可能抑制对我国农产品消费需求的增长，以及农产品价格下行在一定程度上将导致出口额增速收窄。

（吴薇、符绍鹏、孙玥、郭浩成、刘武兵，2022 年第 10 期）

2022 年我国农产品贸易形势分析及展望

2022 年，受国际农产品市场价格高涨影响，我国农产品进口额、出口额及贸易逆差均再创历史新高。全年农产品贸易总额比上年增长 10%，达 3 343.2 亿美元。其中，农产品进口额 2 360.6 亿美元，增长 7.4%；农产品出口额 982.6 亿美元，增长 16.5%（排除海关税目调整因素的出口额增长 8.5%）；贸易逆差 1 378 亿美元，扩大 1.7%。预计 2023 年国际农产品价格仍将高位运行，国内供应较为充足，主要农产品进出口量有望稳中有增。

一、国际农产品市场剧烈波动，我国农产品贸易额再创新高

（一）国际农产品价格攀升至历史高位

2022 年上半年，受地区冲突和极端天气刺激，国际农产品价格大幅上涨，联合国粮农组织（FAO）食品价格指数 3 月创历史新高。下半年随着黑海港口农产品外运协议签订和主要产粮国实现丰收，国际价格持续回落，但仍处于历史高位。年内小麦、棕榈油、大豆均达历史最高价，涨幅分别为 68%、53.3%、32.1%。

（二）价格上涨因素带动农产品进口额增长

疫情下国内需求偏弱和国际价格上涨抑制进口，2022 年我国粮棉油糖肉奶等大宗产品进口量同比均降，呈"价涨量跌"，价格上涨拉动全年农产品进口额增长。若剔除价格上涨因素，全年农产品进口额同比减少约 35 亿美元。前五大进口来源地为巴西、美国、东盟、欧盟和新西兰，占农产品进口总额的 69.3%。

（三）自美国大宗农产品进口量显著下降

随着中美一阶段协议结束，我国自美农产品采购大幅放缓，叠加美元走强、干旱导致减产、供应链受阻等因素影响，全年自美大宗农产品进口量大幅下降。其中，进口大豆 2 953.3 万吨、降 8.5%，玉米 1 486.2 万吨、降 25%，小麦 62.6 万吨、降 77.1%，猪肉及杂碎 39.1 万吨、降 47%。

（四）对 RCEP 成员国贸易额创新高

2022 年《区域全面经济伙伴关系协定》（RCEP）生效实施，农产品市场开放和便利化水平提升，对贸易产生较强拉动作用。我国对 RCEP 成员国农产品贸易额 1 071.6 亿美元，同比增 13.3%，高于对全球农产品贸易额增速。其中，出口 428.7 亿美元，增 11.2%，增速为近 11 年来最高；进口 642.9 亿美元，增 14.7%。

（五）税目调整是农产品出口大增的主要因素

2022 年我国农产品出口增加 139.2 亿美元，为历史最大增量，同比增 16.5%。主要是由于进出口税则税目调整，将此前工业类目中的电子烟调入农产品烟草范围，使出口额增加 67.8 亿美元。若剔除此因素，农产品出口额实际增加 71.4 亿美元，同比增长 8.5%。前五大出口市场为东盟、欧盟、中国香港、日本和美国，占农产品出口总额的 69.5%。

二、从主要进口产品看，粮棉油糖肉奶进口量全面下降，食用植物油进口创六年新低

（一）谷物进口总体减少，三大主粮进口齐超关税配额

谷物进口 5 320.4 万吨，同比下降 18.6%。分品种来看，玉米进口 2 062.1 万吨，降 27.3%，下降主因是乌克兰供应不畅以及中美一阶段协议到期后的正常回落。从绝对量来看，玉米进口仍处于高位，超进口关税配额 1 342.1 万吨。大米进口 619.4 万吨，增 24.8%，首次超关税配额量，主要由于饲用碎米进口增加。小麦进口 995.9 万吨，增 1.9%，连续第二年超配额。受国际大麦价格高涨影响，大麦进口 576 万吨，降 53.8%。高粱进口 1 014 万吨，增 7.7%。

（二）食糖进口五年来首降，棉花进口为三年来新低

2020 年食糖保障措施到期、加征的保障措施关税取消后，进口食糖价格优势恢复，2020 年和 2021 年我国食糖进口均超过 500 万吨，国内库存增加。由于地区冲突导致国际原油价格上涨，巴西将更多甘蔗用于生产燃料乙醇，推高了国际糖价，加之国内供应充足，2022 年食糖进口 527.5 万吨，同比下降 6.9%。由于印度棉花减产导致国际供应紧张，且疫情下服装消费低迷，国内纺织业订单减少，棉花进口同比降 13.5%，进口量 202.6 万吨，为三年来新

低；替代品棉纱进口 117.6 万吨，降 44.5％。

（三）猪肉进口基本回归至非洲猪瘟前水平，牛肉成为我国最大进口肉类品种

全年畜产品进口额 515.5 亿美元，与上年大体持平。其中，猪肉进口 174.3 万吨，同比下降 51.2％；猪杂碎 105.1 万吨，降 22.5％；禽肉 132.3 万吨，降 11.1％；羊肉 35.8 万吨，降 12.8％；奶粉 132.5 万吨，降 15.7％。牛肉进口 269 万吨，同比增 15.3％，创历史新高，且首次超过猪肉成为我国最大进口肉类品种。

（四）食用植物油进口创六年来新低，大豆进口小幅下降

受主产国减产、地区冲突和疫情下国内需求不振的影响，2022 年食用植物油进口 726.4 万吨，创六年来新低，同比下降 35.7％。各品种进口均大幅减少，其中棕榈油进口 494.4 万吨，降 22.5％；菜籽油进口 106.1 万吨，降 50.7％。食用油籽进口 9 610.9 万吨，同比下降 5.8％。其中大豆进口 9 108.1 万吨，降 5.6％；油菜籽进口 196.1 万吨，降 25.9％。

三、从主要出口产品看，蔬菜出口稳定增长，水产品首次出现逆差，水果逆差大幅增加，高端茶叶出口减少

（一）水产品出口增幅低于进口，首次出现贸易逆差

水产品出口额 230.1 亿美元，同比增长 5％；进口额 237 亿美元，增长 31.5％；净进口 6.9 亿美元，首次由贸易顺差转为贸易逆差。出口方面，鲜冷冻鱼类 66.7 亿美元，增 15.6％；贝类及软体动物 65.3 亿美元，增 10％；加工鱼类 53.6 亿美元，降 6％；虾类 20.4 亿美元，降 8.5％。进口方面，虾类 79.3 亿美元，增 44.3％；鲜冷冻鱼类 67 亿美元，增 45％；贝类及软体动物 21.3 亿美元，增 3.3％；螃蟹 15.6 亿美元，增 10.4％。

（二）蔬菜出口保持增长，贸易顺差继续增加

蔬菜出口额 172.2 亿美元，同比增 9.2％，创历史新高；贸易顺差 162.6 亿美元，扩大 11.5％。其中，蘑菇 27.7 亿美元，增 14.2％；大蒜 24.6 亿美元，降 7.5％；番茄 12.7 亿美元，增 14.9％；辣椒 8.5 亿美元，增 21.7％。

（三）水果连续两年"出降进增"，贸易逆差首次超过出口额

水果出口额 69.2 亿美元，同比降 7.9%，连续第二年下降。其中，苹果 10.4 亿美元，降 23.7%；柑橘 10.4 亿美元，降 22.5%。进口额 156.9 亿美元，增 7.9%。其中，榴莲 40.3 亿美元，降 4.1%；樱桃 27.7 亿美元，增 38.6%；香蕉 11.6 亿美元，增 11.8%。水果贸易逆差 87.7 亿美元，扩大 24.8%，首次超过出口额。

（四）茶叶出口"量增额减"，高端产品出口减少

茶叶出口量 38.9 万吨，同比小幅增加 1.5%，但出口额下降 10.3%，至 22.7 亿美元。主要原因是高端产品出口减少。从出口市场来看，对中国香港、越南等出口均价较高的市场出口量和均价下降，出口量同比分别降 24.1% 和 4.3%，均价同比分别降 16.5% 和 26%。从产品来看，出口均价最高的普洱茶出口量同比降 11.9%。

四、预计 2023 年粮食进口保持高位，油脂油料进口恢复性增长，猪肉进口继续下降，优势农产品出口持续增长

（一）全球谷物供需趋紧，国际价格仍在高位运行

据 FAO 预测，受全球玉米、大米减产影响，2022/2023 年度全球谷物产量 27.65 亿吨，同比降 1.7%。消费量放缓至 27.79 亿吨，同比降 0.7%。库存消费比 29.5%，同比降 1.3 个百分点。全球谷物供应链日趋通畅，贸易量回升至 4.74 亿吨，同比增 0.4%。展望 2023 年，由于全球谷物供应下降，且地区冲突、气候变化仍存在较大变数，将支撑全球农产品价格在相对的高位震荡波动。

（二）三大主粮进口仍将保持高配额完成率，巴西将成为玉米重要进口来源地

大米受主产国预期减产、印度实施出口禁令影响，2023 年国际价格延续上涨趋势，进口碎米饲用替代的价格优势下降，预计全年进口量降至 500 万吨左右。小麦国内生产平稳，消费复苏拉动加工需求回升，但与玉米间差价持续扩大导致饲用需求下降，预计全年进口在 950 万吨左右。玉米由于国内生猪存栏处于高位，饲用消费需求增加，但考虑到大麦等替代品进口将回升，预计全年进口量在 1 600 万吨左右。巴西玉米较美国更具价格优势，未来可能成为我

国重要进口来源地。

（三）大豆进口恢复性增长，食用植物油进口迅速反弹

2023 年，由于生猪存栏量恢复，大豆饲料消费增加，加之国际大豆供应充足、价格下行，预计全年进口增至 9 500 万吨左右。随着国内餐饮消费逐步恢复，食用植物油消费需求快速增长，且棕榈油、菜籽油等均预期增产，国际供需紧张缓解，进口预计回升至常年的 1 100 万吨水平，其中棕榈油进口量在 650 万吨左右。

（四）猪肉进口继续走低，牛肉进口将超 300 万吨

目前全国能繁母猪存栏量 4 390 万头，较正常保有量高 7.1%。2023 年，猪肉供需将趋于宽松，价格温和下行，全年猪肉及猪杂碎进口将进一步降至 200 万吨左右。牛肉国内消费需求持续增长，全年进口量可能在 300 万吨以上。

（五）特色优势农产品出口保持增势

国际货币基金组织（IMF）近期上调 2023 年全球经济增长预期，全球农产品消费可能加速回暖。在中央和地方稳外贸政策措施助力下，我国优势特色农产品出口将稳中略增。其中，水产品出口保持在 230 亿美元左右，但进口增长更快，逆差持续扩大；蔬菜出口在 180 亿美元左右，同比小幅增长；水果出口在 RCEP 等政策红利推动下将增至 70 亿美元以上。

（吴薇、孙玥、郭浩成、符绍鹏、冷淦潇、马建蕾、王丹、

梁勇、李蔚青、刘丽佳、马景源、赵可轩，2023 年第 3 期）